L'essentiel de la reprise d'entreprise

Facteurs de succès
Montages juridiques optimums
Cas pratiques

Jean-Marc TARIANT

Avec la collaboration de Jérôme THOMAS

EYROLLES

Groupe Eyrolles

61, bd Saint-Germain
75240 Paris cedex 05
www.editions-eyrolles.com

Si vous souhaitez contacter les auteurs, témoigner d'expériences, leur faire des suggestions ou leur poser des questions, vous pouvez le faire sur Internet :

⊃ jmt@finance-strategie.com

⊃ jt@finance-strategie.com

⊃ www.finance-strategie.com

Sommaire

Abréviations

Dans le texte qui suit, pour la facilité de lecture, nous avons utilisé les abréviations suivantes :

AGE	Assemblée générale extraordinaire
AGO	Assemblée générale ordinaire
BDF	Banque de France
BFRE	Besoin en fonds de roulement d'exploitation
BIC	Bénéfices industriels et commerciaux
CA	Chiffre d'affaires
CA TTC	Chiffre d'affaires toutes taxes comprises
CAF	Capacité d'autofinancement
CCA	Compte courant d'associé
CDD	Contrat à durée déterminée
CDI	Contrat à durée indéterminée
CET	Constitution économique territoriale
CGA	Centre de gestion agréé
CGI	Code général des impôts
CSG	Contribution sociale généralisée
DADS	Déclaration annuelle des données sociales
DLMT	Dettes à long et moyen terme
EBE	Excédent brut d'exploitation

EBIT	Earning Before Interest and Tax
EIRL	Entreprise individuelle à responsabilité limitée
EURIBOR	European Interbank Offered Rate
EURL	Entreprise unipersonnelle à responsabilité limitée
FDC	Fonds de commerce
HT	Hors taxes
IR	Impôt sur le revenu
IRPP	Impôt sur le revenu des personnes physiques
IS	Impôt sur les sociétés
ISF	Impôt sur la fortune
k€	Milliers d'euros
LBO	Leveraged By-Out
LME	Loi de modernisation de l'économie
OC	Obligation convertible
OCDE	Organisation de coopération et de développement économiques
PEA	Plan d'épargne en actions
PLF	Prélèvement libératoire forfaitaire
PME	Petite et moyenne entreprise
PMI	Petite et moyenne industrie
SA	Société anonyme
SARL	Société à responsabilité limitée
SAS	Société par actions simplifiée
SCI	Société civile immobilière
SICAV	Société d'investissement à capital variable
TNS	Travailleur non salarié
TPE	Très petite entreprise
TTC	Toutes taxes comprises
URSSAF	Union de recouvrement des cotisations de Sécurité sociale et d'allocations familiales

Introduction

Le but du présent ouvrage est de favoriser la réussite de votre projet de reprise en vous présentant les différentes étapes que vous aurez à franchir pour aboutir à vos fins.

Pour chacune d'elles, nous vous présentons les principaux facteurs clés de succès et pièges à éviter, ainsi que les grandes questions à se poser et les notions essentielles à connaître.

Dans les trois premiers chapitres, nous abordons notamment les étapes suivantes :
- la phase de recherche et l'approche de la cible ;
- la réalisation des diagnostics et des audits ;
- l'évaluation financière de la cible ;
- la négociation du protocole d'acquisition et des garanties associées ;
- le montage juridique et fiscal ;
- la mise en forme du dossier financier ;
- la négociation des garanties et des conditions du crédit.

La caution des dirigeants constituant un point d'achoppement dans un grand nombre de dossiers, nous expliquons dans le troisième chapitre de l'ouvrage comment réduire leur portée et les garanties alternatives qui peuvent être proposées aux banquiers.

Le quatrième et dernier chapitre présente plusieurs cas réels, accompagnés de recommandations de repreneurs et de commentaires des auteurs.

Vous trouverez en fin d'ouvrage un glossaire vous permettant de vous familiariser avec les termes techniques et spécifiques de la reprise d'entreprise, et de nombreux outils pratiques pour recueillir les informations utiles à l'étude de vos dossiers et mettre en forme vos offres de reprise et dossiers de crédit.

La reprise d'entreprise est une expérience extraordinairement passionnante et enrichissante sur le plan humain, de l'avis unanime des personnes interrogées.

Ce mini-guide ayant pour ambition de vous faire découvrir l'essentiel de la reprise d'entreprise, nous invitons les repreneurs souhaitant approfondir la préparation de leur projet à se reporter au *Guide pratique pour reprendre une entreprise*.

Cet ouvrage plus complet développe chacun des points évoqués dans le mini-guide et le complète dans de nombreux domaines, parmi lesquels :
⊃ les facteurs clés de succès et pièges à éviter en matière de reprise d'entreprise ;
⊃ les leviers juridiques permettant de prendre ou conserver le pouvoir sans la majorité du capital ;
⊃ la gestion des relations entre associés (pactes d'actionnaires) ;
⊃ la vente à soi-même (OBO) ;
⊃ la reprise de l'immobilier de l'entreprise.

Nous vous souhaitons une pleine réussite dans votre projet en espérant vivement que cet ouvrage y contribuera utilement et simplement.

Les différentes étapes d'un projet de reprise

L'organigramme ci-après présente les différentes étapes de la reprise d'une entreprise.

Obtenir l'accord et le soutien familial sur le projet, réunir une équipe autour de soi, dresser son bilan de compétences, définir avec précision la cible idéale sont les premiers pas à franchir pour commencer une recherche féconde.

Nous présentons ci-après nos recommandations concernant la conduite des étapes essentielles du projet de reprise. Le montage juridique du dossier ainsi que son montage financier étant développés dans les chapitres 2 et 3 de l'ouvrage, ils sont abordés seulement de façon liminaire dans cette partie.

La recherche de la cible

La durée de la recherche est généralement assez longue, en moyenne quinze mois. Le facteur temps est un gage essentiel de réussite pour trouver la bonne entreprise. Il

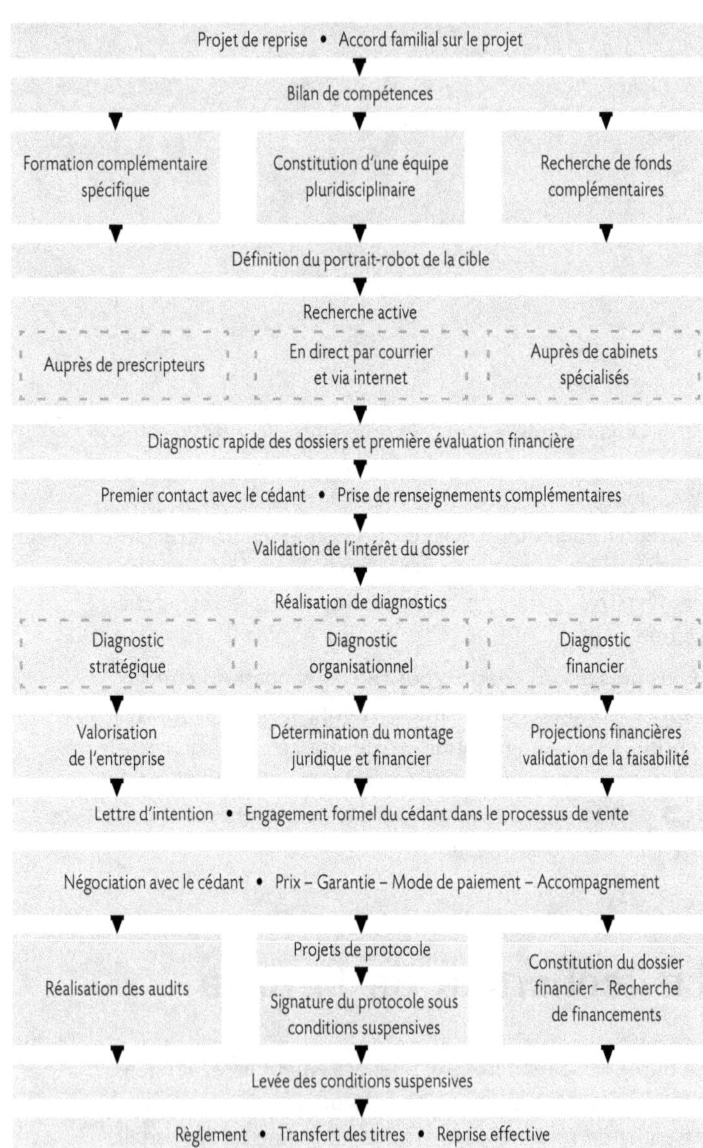

Projet de reprise • Accord familial sur le projet
Bilan de compétences
Formation complémentaire spécifique
Constitution d'une équipe pluridisciplinaire
Recherche de fonds complémentaires
Définition du portrait-robot de la cible
Recherche active
Auprès de prescripteurs
En direct par courrier et via internet
Auprès de cabinets spécialisés
Diagnostic rapide des dossiers et première évaluation financière
Premier contact avec le cédant • Prise de renseignements complémentaires
Validation de l'intérêt du dossier
Réalisation de diagnostics
Diagnostic stratégique
Diagnostic organisationnel
Diagnostic financier
Valorisation de l'entreprise
Détermination du montage juridique et financier
Projections financières validation de la faisabilité
Lettre d'intention • Engagement formel du cédant dans le processus de vente
Négociation avec le cédant • Prix – Garantie – Mode de paiement – Accompagnement
Réalisation des audits
Projets de protocole
Signature du protocole sous conditions suspensives
Constitution du dossier financier – Recherche de financements
Levée des conditions suspensives
Règlement • Transfert des titres • Reprise effective

est, par conséquent, souhaitable de se mettre en situation de recherche à temps plein et de travailler avec méthode.

Voici ce que nous recommandons à ce stade :

⊃ Établir une fiche réunissant tous les critères de recherche et dresser le portrait-robot de l'entreprise idéale : métier connu par le repreneur, entreprise saine et peu endettée disposant d'une bonne trésorerie, clientèle et fournisseurs diversifiés, outil renouvelé en bon état, qualité des produits et des hommes, notoriété de la cible, bonne moralité et réputation du cédant, cession pour cause de départ en retraite, accompagnement du repreneur pendant quelques mois, prix raisonnable… Évidemment, cette entreprise idéale n'existe pas ! Elle constitue toutefois une grille d'analyse type et un objectif vers lequel il faut tendre.

⊃ Passer à une phase active en contactant le plus grand nombre de professionnels de la transmission (experts-comptables, banquiers, notaires, avocats, cabinets spécialisés, chambres de commerce et des métiers, syndicats professionnels, etc.).

⊃ Ne pas hésiter à s'appuyer sur son tissu relationnel, à faire jouer le bouche-à-oreille et à approcher en direct certains chefs d'entreprise par courrier ou téléphone afin de recueillir le maximum d'informations et de dossiers.

⊃ Rester ouvert à toute opportunité de qualité, l'étude d'un nombre important de dossiers permettant d'accroître les chances de succès et d'apprécier, par comparaison, la qualité des dossiers.

⊃ Faire preuve de beaucoup de psychologie, afin d'établir un climat de confiance avec tous les partenaires naturels de la transmission.

⊃ Adhérer à un club de repreneurs, ce qui aide à rester motivé et à professionnaliser sa démarche.

⊃ Pratiquer un ou plusieurs sports régulièrement, pour évacuer le stress et renforcer son potentiel énergétique.

Au moment du choix final, privilégier l'instinct, la passion pour le métier et les produits de l'entreprise. Il faut sentir que le courant passe avec le cédant potentiel et qu'il y a adéquation entre l'entreprise et sa personnalité.

L'approche de la cible

Une fois les cibles potentielles identifiées, le repreneur va devoir se forger une première opinion sur ces sociétés. Les informations dont il dispose à ce stade dépendront de l'origine du dossier.

Une mise en relation effectuée par un spécialiste de la transmission implique généralement la remise, après signature d'un engagement de confidentialité, d'un dossier de présentation permettant au repreneur d'obtenir des informations sur l'entreprise et les conditions de l'opération de cession envisagée : nature de l'opération (vente d'un fonds de commerce ou de titres), prix et date de cession souhaités par le vendeur, etc.

À l'inverse, un contact établi en direct avec un cédant non préparé à la cession nécessite que le repreneur collecte lui-même les informations dont il a besoin pour faire son analyse.

Le premier niveau de validation du repreneur va consister à vérifier que l'entreprise correspond à ses critères de recherche, en particulier sur les aspects suivants :

⊃ la bonne compréhension de son métier ou sa capacité à le maîtriser rapidement, compte tenu de son niveau de technicité ;

⊃ la taille de l'entreprise;

⊃ sa proximité géographique;

⊃ sa proximité culturelle;

⊃ sa situation économique et financière;

⊃ le budget de l'opération de cession;

⊃ le motif de la cession.

Lors des rendez-vous avec le ou les cédants, le repreneur doit faire preuve d'humilité, d'écoute et de séduction. La dimension psychologique est fondamentale dans cette phase du projet. Les demandes de renseignements devront s'opérer progressivement, en évitant de heurter le cédant.

Cette phase est empreinte du culte du secret, et la discrétion s'impose. Il s'agit d'un moment primordial pour établir une relation de confiance et un climat de transparence. Cette période doit être mise à profit pour réunir le maximum d'informations.

Il est également indispensable de se renseigner très rapidement sur la notoriété du cédant et de rechercher les motifs qui l'amènent à céder son entreprise. Puis, il faut valider sa réelle volonté de cession afin d'éviter les fausses pistes.

Au final, cette première prise de contact avec l'entreprise doit permettre au repreneur de valider son intérêt pour la cible afin d'entrer dans une phase de diagnostics, qui lui fera mieux appréhender la société et le secteur d'activité dans lequel elle évolue.

Le diagnostic de la cible

Lorsque les premiers contacts avec le cédant ont été bons réciproquement et que la volonté de poursuivre les discussions se confirme, le repreneur devra recueillir les principales informations nécessaires à l'étude du dossier. Au fur et à mesure des rendez-vous, il pourra collecter de nouvelles informations afin de parfaire son analyse.

▶ *Cf. annexe 1 : documents et informations à obtenir en vue d'une reprise d'entreprise.*

Le diagnostic stratégique du secteur d'activité

Il convient d'abord de réaliser une étude approfondie du secteur d'activité dans lequel l'investissement est envisagé, *a fortiori* si le repreneur n'a pas d'expérience dans le métier. Au-delà du goût pour le produit et du bon contact avec le cédant, le marché de l'entreprise, ses contraintes et ses spécificités doivent être connus.

Voici les points essentiels à prendre en considération :

⊃ L'évolution du marché en tendance sur les dernières années et l'approche du potentiel pour les prochains exercices sur le plan international, national ou régional, selon la taille de l'entreprise.

⊃ L'intensité concurrentielle du secteur : identification des principaux concurrents, positionnement de l'entreprise par rapport à eux, recherche d'information sur l'évolution des prix et des marges dans le secteur d'activité.

⊃ L'analyse technique du secteur et la recherche d'information sur les évolutions technologiques et réglementaires attendues ou prévisibles. Il ne faut pas omettre de prendre en compte les risques d'apparition de produits ou de services de substitution rendant obsolète l'offre de l'entreprise.

⊃ Les barrières à l'entrée dans le métier, qui réduisent les risques de nouveaux entrants sur le marché (diplôme spécifique requis, métier fortement capitalistique, pénurie de main-d'œuvre qualifiée, coûts de transport, brevet exclusif, autorisation administrative).

⊃ Les dépendances vis-à-vis des fournisseurs et des clients, qui peuvent fragiliser l'entreprise en limitant ses marges de manœuvre.

Le diagnostic général de l'entreprise

Après avoir analysé son environnement, il faut réaliser une étude approfondie sur l'entreprise elle-même afin de bien cerner ses forces et faiblesses, les menaces et les opportunités liées à son organisation actuelle.

Le diagnostic marketing et commercial

⊃ Évolution du chiffre d'affaires sur les dernières années, globalement et par secteur d'activité.

⊃ Identification et analyse des principaux concurrents : localisation, importance, situation financière, évolution, actionnariat.

⊃ Parts de marché de l'entreprise sur ses secteurs d'activité, globalement et par produit, perspectives de progression ou de régression selon les segments de marché.

⊃ Politique commerciale : catalogue et gamme des produits, politique de prix, positionnement des produits, conditions de règlement, cibles de clientèle retenues, contribution des différents produits en termes de marge, cycle de vie des produits.

➲ Politique en matière de nouveaux produits : organisation et dynamisme du pôle recherche et développement, importance des moyens consacrés, protection des brevets.

➲ Politique de communication et notoriété : efforts de communication réalisés et à prévoir, médias utilisés, image de marque, réputation.

➲ Organisation commerciale : réseau, nombre et statuts des commerciaux, mode de rémunération, dépendance de l'entreprise à leur égard, démarche commerciale offensive ou attentiste, directe ou indirecte.

➲ Répartition des ventes par marché, par produit, par secteur géographique, par client, poids relatif des principaux clients en termes de volume et de marge globale, nombre de clients actifs, liens spécifiques avec le cédant.

➲ Couverture du risque client : existence ou non d'une police d'assurance du risque clients.

➲ Carnet de commandes : importance, diversité, nature des contrats signés.

➲ Livraison des produits : prix, délais, efficacité, satisfaction de la clientèle.

➲ Service après-vente : existence d'un service spécifique, délais et conditions d'intervention, satisfaction de la clientèle.

Le diagnostic de la production et des moyens d'exploitation

➲ Politique adoptée en matière de sous-traitance ou de co-traitance : identification des partenaires de l'entreprise, solidité financière, nature des liens, compétence et qualité des prestations, ancienneté des relations.

⊃ Qualité et ancienneté de l'outil de production : nature et montant des investissements réalisés et à réaliser en cas de reprise.

⊃ Qualité et spécificité des locaux et actifs immobiliers : localisation, ancienneté, respect des normes d'hygiène et de sécurité, travaux éventuels à réaliser.

⊃ Organisation en termes d'achat et de réception des approvisionnements : identification des principaux fournisseurs, nature des contrats, conditions en termes de prix et de modes de règlement, délais de livraison, ancienneté des relations, solidité financière des principaux fournisseurs.

⊃ Organisation de la production : niveau de productivité, pourcentage de rebuts, qualité et contrôle des produits, travail sous norme ISO, respect des normes de sécurité françaises et européennes.

⊃ Organisation en termes de gestion des stocks : contrôles à l'entrée des produits, suivi de la rotation des stocks, déclenchement des commandes, ruptures d'approvisionnement, protection des stocks.

Le diagnostic social

⊃ Organisation fonctionnelle détaillée.

⊃ Nature et clause des contrats : CDI, CDD, intérim, clause de non-concurrence.

⊃ Conditions spécifiques liées au secteur d'activité : convention collective appliquée, évolutions prévues.

⊃ Accords et avantages particuliers négociés dans l'entreprise.

⊃ Qualité et ancienneté du personnel : pyramide des âges, embauche, licenciement, turn-over, formation à prévoir.

⊃ Politique et budget consacré à la formation.

⊃ Mode de management pratiqué : gestion paternaliste ou participative.

⊃ Culture de l'entreprise : délégation, autonomie, responsabilisation.

⊃ Communication interne : informations données au personnel, rythme, nature et forme.

⊃ Climat et relations sociales : existence de syndicats, délégués du personnel, comité d'entreprise.

Le diagnostic administratif

⊃ Réputation et coordonnées de l'expert-comptable, du commissaire aux comptes, du conseil juridique.

⊃ Organisation administrative et comptable : compétence des hommes, procédures de travail, rapidité de facturation, existence de relances, délais de sortie du bilan.

⊃ Organisation et performance en termes de contrôle de gestion : existence de tableaux de bord, de prévisionnels, de maîtrise des prix de revient.

⊃ Organisation sur le plan informatique : matériels et logiciels utilisés, ancienneté, protection des informations, risques latents, évolutions.

⊃ Investissements à prévoir : formation du personnel, degré d'informatisation selon les services...

⊃ Relations bancaires : nombre de banques, répartition des mouvements, conditions et autorisations de crédits court terme dont bénéficie l'entreprise, procurations données.

⊃ Couverture en matière d'assurance : nature des contrats, montant des garanties et des primes, coordonnées des compagnies et intermédiaires.

⊃ Contrats passés et engagements donnés ou reçus : cautions, avals, hypothèques, nantissements.

Le diagnostic financier

Le diagnostic financier doit porter sur une période suffisamment longue (cinq à dix ans si possible) pour être significatif, notamment sur la partie d'analyse de l'évolution du chiffre d'affaires et de la rentabilité de l'entreprise.

L'analyse doit s'effectuer en tendance, mais également en comparaison avec les chiffres clés de la profession et des entreprises semblables en termes de taille et de spécificité de métier.

L'analyse de l'activité et de la rentabilité

Les soldes intermédiaires de gestion constituent l'élément majeur de l'analyse de la performance de l'entreprise. Ils doivent faire ressortir sur des périodes de référence comparables, ramenées à douze mois, l'évolution des marges en pourcentage et en tendance d'une année sur l'autre.

Une batterie de ratios caractéristiques vient compléter l'examen de la rentabilité verticale et horizontale de l'entreprise, parmi lesquels :

⊃ les frais de personnel/la valeur ajoutée ;

⊃ le chiffre d'affaires et la valeur ajoutée par personne ;

⊃ le résultat d'exploitation/l'actif économique net.

Enfin, le prévisionnel de l'année et ses réalisations en cours d'année sont également à analyser de très près, pour raisonner sur les éléments les plus récents et valider son propre plan d'affaires. Cette étude de la rentabilité de l'entreprise et de sa capacité récurrente à dégager du cash-flow est essentielle à plusieurs titres. Elle permet d'apprécier :

⊃ la bonne santé de l'entreprise et l'évolution de ses performances économiques ;

⊃ sa capacité à supporter une charge de crédit supplémentaire ;

⊃ le montant maximal de crédit qui en découle, et par conséquent le montant maximal de la transaction compte tenu des apports du repreneur.

En résumé, elle renseigne le repreneur sur la faisabilité de l'opération envisagée.

L'analyse de la structure financière

Il s'agit d'apprécier la solidité financière de l'entreprise et son indépendance à l'égard des tiers dans le cadre d'une exploitation normale.

Pour ce faire, il est souhaitable de réaliser d'abord un bilan fonctionnel de l'entreprise sur trois à cinq ans, afin de mettre en évidence ses grands équilibres financiers et leurs évolutions : capitaux propres, endettement à terme, actif immobilisé net, fonds de roulement, besoin en fonds de roulement, besoin ou excédent de trésorerie.

Il convient ensuite d'expliquer l'évolution de la trésorerie à l'aide d'un tableau de flux financiers, pour bien cerner la répartition des ressources et des emplois dans le passé. En réalité, l'analyse de la structure financière ne doit pas être statique mais dynamique, ce qui permet une meilleure compréhension de la situation actuelle.

En complément, il est recommandé de calculer, sur trois à cinq ans, une série de ratios liés à la structure financière, afin de dégager les rotations ou évolutions d'un certain nombre de postes, dans l'absolu et en comparaison avec les chiffres clés du secteur et les normes couramment admises sur le plan financier.

➲ Rotation des postes constituant le cycle d'exploitation :
- stocks : stock moyen/total annuel des achats de matières premières HT × 365 ;
- clients : créances clients/ventes annuelles TTC × 365 ;
- fournisseurs : dettes fournisseurs/montant annuel des achats de marchandises, fournitures et services TTC × 365.

⊃ Indépendance financière :
  – fonds propres/total bilan > 25 % ;
  – fonds propres/endettement à terme > 1 ;
  – (montant de la trésorerie × 365)/chiffre d'affaires annuel TTC > 30 jours ;
  – frais financiers/excédent brut d'exploitation < 30 %.

⊃ Capacité de remboursement :
  – dettes à terme/capacité d'autofinancement < ou = 4.

L'évaluation financière de la cible

Il existe de très nombreuses méthodes permettant de valoriser une entreprise. L'objectif est d'arriver à une fourchette de valeur admissible, sur le principe de trois à quatre méthodes différentes validées par un expert. Cette référence servira de base de discussion avec le cédant pour négocier le prix de cession.

Selon le cas de figure (succession familiale, transmission à des salariés, cession à un groupe), l'estimation peut aller du simple au double, voire davantage.

Distinction entre valeur de fonds de commerce et de titres de société

En matière d'évaluation, il est indispensable de faire la distinction entre la valeur du fonds de commerce et la valeur des titres de la société :

⊃ Le fonds de commerce est un élément constitutif de l'actif d'une entreprise. Il comprend notamment la clientèle, les matériels d'exploitation, le nom commercial ou encore le droit au bail.

⊃ Les titres de la société sont représentatifs du patrimoine de l'entreprise, et comprennent l'ensemble des actifs (fonds de commerce, stocks, créances clients, trésorerie, etc.) et des dettes (bancaires, fournisseurs, fiscales et sociales, etc.) de celle-ci.

Certaines méthodes de valorisation de titres de société nécessitent notamment une réévaluation du fonds de commerce, faisant ainsi le lien entre valeur de fonds de commerce et valeur de titres de société.

Présentation des principales méthodes d'évaluation de titres de société

Dans le cas d'une reprise par une personne physique extérieure à l'entreprise, le prix de transaction se situe le plus souvent à un niveau intermédiaire; le repreneur devant rembourser les crédits de reprise avec les futurs résultats de l'entreprise, la méthode d'évaluation qui semble la mieux appropriée est celle de la valeur de rendement.

La valeur de rendement

Cette méthode vise à valoriser la société d'après sa rentabilité nette annuelle en la multipliant par un coefficient généralement compris entre 6 et 8. Une pondération peut être affectée aux 3 derniers exercices, afin de lisser l'évolution des résultats. On donne ainsi un poids relatif de 3 à l'année N − 1, de 2 à l'année N − 2 et de 1 à l'année N − 3.

Cette méthode exclut donc la structure financière du raisonnement. Ainsi, deux sociétés ayant la même rentabilité seront valorisées de la même façon, même si l'une a une structure financière tendue et l'autre une trésorerie pléthorique. Afin de pallier ce problème, nous recommandons d'ajouter à la valeur obtenue la trésorerie distribuable présente dans l'entreprise.

Dans certains métiers tels que le transport, c'est la logique de la capacité d'autofinancement qui est privilégiée. On raisonne alors à partir de CAF normatives (résultat net + amortissement), en prenant un coefficient multiplicateur de 3 à 5 selon le métier et le caractère plus ou moins recherché du secteur d'activité.

La valeur patrimoniale

Cette méthode vise à valoriser la société d'après les éléments constitutifs de son patrimoine (ensemble des actifs − ensemble des dettes = actif net comptable). La réévaluation ou la dépréciation de certains actifs − dont le fonds de commerce − permettent d'aboutir à l'actif net économique, représentatif de la valeur de l'entreprise dans une optique de liquidation.

Cette approche prend donc très peu en compte le dynamisme de la société en termes d'activité et de rentabilité.

La valeur découlant de cette méthode est souvent celle privilégiée par les cédants notamment ceux partant en retraite, qui apprécient généralement la valeur de leur entreprise par une approche cumulative des résultats et fonds propres laissés dans l'entreprise, auxquels ils ajoutent une valeur de fonds de commerce « affective » liée à leur besoin financier et à la reconnaissance du travail accompli...

Le fonds de commerce comprend le nom de l'entreprise, sa clientèle, son matériel et son savoir-faire. C'est la partie la plus difficile à évaluer dans une petite entreprise dépendant très souvent de son dirigeant.

L'écart existant entre la valeur de rendement et le montant de l'actif net comptable ne doit toutefois pas être trop excessif, la rentabilité d'une entreprise étant par nature fluctuante. Une différence de 50 à 100 % est justifiable par la prise en compte de la valeur de fonds de commerce. Au-delà, il convient d'être prudent et de s'assurer de la récurrence de la rentabilité apparente.

La méthode empirique

Le principe de cette méthode est simple et pragmatique. Une entreprise vaut par rapport à ce qu'elle peut se payer et en fonction des conditions du marché.

A : L'APPORT DU REPRENEUR

Prise en compte d'un apport théorique du repreneur : on constate globalement que les repreneurs apportent l'équivalent d'une à deux années de résultat net retraité, s'agissant de PME-PMI.

B : LA TRÉSORERIE DISTRIBUABLE DE LA CIBLE

L'entreprise peut disposer elle-même d'une trésorerie excédentaire distribuable en regard des fonds propres et des besoins de trésorerie en cours d'année. Cette trésorerie vient, dans ce cas, compléter l'apport du repreneur et augmenter le prix « payable » de l'entreprise.

C : LA CAPACITÉ DE REMBOURSEMENT DE LA CIBLE

La capacité bénéficiaire de la cible va permettre de compléter le montant susceptible d'être réglé pour acquérir l'entreprise. La pratique financière fixe actuellement le taux de distribution maximal à 70 % du résultat net passé.

Le montant ainsi défini correspond à l'échéance annuelle maximale du crédit de reprise.

Sur la base d'une durée d'emprunt de 7 ans, il est possible d'en déduire le montant maximal du capital pouvant être emprunté pour acquérir la cible.

La somme de A + B + C détermine la valeur empirique de l'entreprise.

Le retraitement des comptes annuels de l'entreprise cible

Afin de mettre en œuvre les différentes méthodes de valorisation exposées ci-avant, une analyse de tous les éléments des comptes annuels doit être effectuée et un retraitement sera réalisé en cas de besoin, afin de donner l'image la plus fidèle possible de l'entreprise concernant sa capacité bénéficiaire, ses capitaux propres, sa trésorerie.

Le retraitement du compte de résultat

Il convient, à ce niveau, de retraiter tous les éléments non récurrents et de porter une attention particulière aux postes et opérations suivants :
➲ les salaires des dirigeants et de leur famille ;
➲ les avantages en nature et les frais de déplacement ;
➲ les loyers payés à des SCI familiales ;
➲ les redevances de location-gérance ou de brevets appartenant au cédant ;
➲ la politique d'investissement des dernières années ;
➲ la politique en matière de recherche et développement ;
➲ la politique d'amortissement et de provisionnement ;
➲ la politique de financement (crédit-bail et location financière à retraiter) ;
➲ les budgets de formation et les assurances ;

⊃ les budgets de publicité et d'entretien ;

⊃ les budgets du personnel intérimaire et de la sous-traitance ;

⊃ les subventions et les abandons de créances ;

⊃ l'achat d'actifs à des conditions exceptionnelles ;

⊃ la réalisation de contrats particuliers ;

⊃ les transferts de charge et la reprise de provisions ;

⊃ les résultats sur opération de change ou d'indemnité d'assurance.

L'objectif est de déterminer la véritable capacité bénéficiaire de l'entreprise qui déterminera le niveau d'endettement possible.

Le retraitement du bilan

La détermination des capitaux propres de référence

Le niveau des capitaux propres est une donnée clé dans l'évaluation de la société cible. Elle est notamment utilisée dans la méthode patrimoniale.

Les principaux retraitements à effectuer concernant les capitaux propres de la société sont les suivants :

⊃ retirer les non-valeurs qui peuvent exister au bilan, comme par exemple les frais d'établissement qui correspondent aux coûts de création de la société ou d'un établissement secondaire ;

⊃ retirer la valeur du fonds de commerce inscrite à l'actif du bilan, puisqu'il va s'agir de déterminer une nouvelle valorisation pour cet élément ;

⊃ accorder une attention particulière au poste d'actif « frais de recherche et développement ». À défaut d'avoir analysé la réalité économique de ce poste, il est préférable de le retirer du montant des fonds propres de l'entreprise ;

⊃ tenir compte de la fiscalité latente existante en cas de réévaluation d'actifs (matériels, immobiliers...).

La détermination de la trésorerie distribuable

Pour déterminer la part distribuable de la trésorerie, il est nécessaire d'obtenir les soldes mensuels de trésorerie sur une période relativement longue (18– 24 mois), afin de vérifier sa stabilité dans le temps et le niveau minimal de trésorerie nécessaire au fonctionnement de l'entreprise.

Il est également nécessaire de retirer de la trésorerie les comptes courants d'associés du cédant, qui seront remboursés au plus tard le jour de la reprise de la société.

Au final, cette analyse doit permettre de déterminer le niveau de trésorerie pouvant être utilisé pour financer partiellement l'acquisition de la société.

La détermination des coefficients multiplicateurs

L'analyse et le retraitement des comptes de l'entreprise réalisés, il reste à déterminer les coefficients multiplicateurs qui seront utilisés dans le cadre de la valorisation.

Le choix de ces coefficients se fera en fonction des conclusions des diagnostics réalisés concernant l'entreprise et son environnement. Ceux-ci auront mis en évidence les points forts et les principales faiblesses de l'entreprise cible, ainsi que les menaces et opportunités présentes dans son environnement.

Une synthèse des conclusions pourra être réalisée à l'aide d'une grille d'analyse comme celle présentée ci-dessous, qui guidera l'évaluateur dans le choix des coefficients multiplicateurs.

	Critères d'appréciation	Impact sur la valeur de l'entreprise		
		+	–	NP
ATTRACTIVITÉ DU MARCHÉ	*Intensité concurrentielle*			
	Maturité du marché			
	Indépendance client			
	Indépendance fournisseur			
	Sensibilité aux évolutions réglementaires et économiques			
RESSOURCES D'EXPLOITATION	*Notoriété/Historique*			
	Éléments de différenciation/Savoir-faire spécifique/Brevets/Qualifications			
	État du matériel et des équipements			
	Localisation géographique			
CAPITAL HUMAIN ET ORGANISATION	*Dépendance de l'entreprise au dirigeant*			
	Climat social/Stabilité du personnel			
	Compétences du personnel/Rareté de la main-d'œuvre			
	Départ en retraite de salariés à court/ moyen terme			
	Délégation/Autonomie du personnel			
PERFORMANCES ET SOLIDITÉ FINANCIÈRE	*Régularité des performances*			
	Visibilité/Carnet de commande			
	Capacité d'adaptation/Seuil de rentabilité			
	Structure financière/Trésorerie/Dettes moyen long terme			

Les points faibles identifiés seront pour certains rédhibitoires, pour d'autres des arguments pour retenir la fourchette basse des coefficients multiplicateurs.

Le fait que l'entreprise :

» dépende d'un ou de quelques rares clients (position de sous-traitant) ;

» dépende d'un fournisseur qui impose ses prix et choisit ses distributeurs ;

» dépende très fortement de son diri-geant actuel (savoir-faire spécifique) ;

» dispose d'un matériel vieillissant qui devra être renouvelé prochainement ;

» se situe sur un marché en déclin ou très fluctuant ;

» subisse un climat social difficile (grèves répétées, revendications mul-tiples) ;

» représente un trop gros « morceau » pour le repreneur.

À l'inverse, les points forts peuvent justifier des coefficients multiplicateurs élevés.

» Le dépôt récent de brevets prometteurs.

» L'existence de contrats pluriannuels importants.

» Une position de leader sur un marché.

» Une forte notoriété liée à l'ancienneté de l'entreprise ou à la qualité de ses produits.

» La rareté de ce type d'entreprise dans son secteur d'activité.

» Des perspectives de développement important.

» L'existence d'un excédent de trésorerie significatif.

» L'existence de reports à nouveau négatifs ou de crédits d'impôt.

» L'existence d'un fort potentiel humain difficile à recruter par ailleurs.

▶ *Un exemple d'application du calcul de la valeur d'une entreprise est présenté en quatrième partie de cet ouvrage au travers du cas pratique LAMBDA.*

De nombreux ouvrages existent sur la valorisation d'entreprise – une bibliographie est fournie pour un approfondissement de cette question sur le plan technique –, toutefois, quelle que soit la méthode financière retenue, la valeur finale d'une entreprise dépend d'éléments complémentaires subjectifs qui influencent la négociation finale du prix de cession.

Une étude réalisée par le syndicat professionnel Synextrans, regroupant sur le Grand Ouest de la France neuf cabinets de transmission d'entreprises, a mis en évidence les valeurs médianes de 128 cessions de PME réalisées au cours des dernières années par les membres adhérents.

Les résultats obtenus sont tout à fait révélateurs des valorisations pratiquées sur le marché et les variables de fixation du prix :

» prix comparé au résultat net = 6 fois ;

» prix comparé aux capitaux propres = 2 fois ;

» prix comparé à l'excédent brut d'exploitation = 3 fois ;

» prix comparé à la capacité d'autofinancement = 4 fois.

On notera toutefois que la dispersion (l'écart-type) par rapport aux moyennes relevées est importante. L'étude montre qu'il est essentiel d'affiner l'approche en fonction des secteurs et de la structure financière de l'entreprise cible.

La négociation du prix de cession

Éléments subjectifs de formation du prix

Au-delà de ces éléments à caractère économique qui pourront faire varier la valeur de l'entreprise, des éléments subjectifs vont également intervenir dans la négociation et influer considérablement sur le prix final de la transaction.

Pour le cédant :

» son âge et son état de santé ;

» sa réelle volonté de céder son affaire ;

» sa psychologie par rapport à l'avenir (optimiste, pessimiste) ;

» ses craintes par rapport à la perte de statut social ;

» le relationnel établi avec l'acquéreur (sympathie, confiance) ;

» l'existence de liens familiaux ou personnels avec le repreneur.

Pour le repreneur :

» sa situation professionnelle (salarié ou chômeur) ;

» le temps dont il dispose pour aboutir ;

» sa capacité à négocier et sa résistance au stress ;

» l'amour qu'il porte au métier, à l'entreprise et à ses produits ;

» la localisation de l'entreprise.

Les variables d'ajustement du prix

L'attribution du résultat couru

Le prix d'acquisition d'une entreprise est rarement figé au moment des négociations, du fait de la continuité de l'exploitation pendant cette période.

Le prix est généralement fixé sur la base du dernier bilan connu, et la proposition de prix faite par l'acquéreur doit prendre en considération le résultat de l'exercice en cours en énonçant la partie qui en aura le bénéfice.

Par ailleurs, le vendeur peut, entre la date du dernier bilan et la date de cession effective, décider la distribution de dividendes qui vont impacter les fonds propres et la trésorerie de l'entreprise.

En conséquence, il est indispensable d'avoir un référentiel permettant un ajustement du prix en fonction des événements de l'exercice en cours. En pratique, le prix est accolé à une référence de capitaux propres (généralement la dernière connue).

Prix d'acquisition proposé au 30/09/12 : 1000 K€ tenant compte d'un montant de fonds propres de 500 K€ (référence 31/12/11).

Au jour de la reprise : 31/12/12
Fonds propres d'un montant de 600 K€ du fait du résultat de l'année écoulée.
Le prix définitif passe mécaniquement à 1100 K€.

Concernant la négociation du prix, un achat « coupon attaché » est recommandé afin de bénéficier du résultat de l'année en cours. Ce point permet tout à la fois de limiter le prix de transaction et de préserver la trésorerie de l'entreprise.

En cas de désaccord entre les parties, il existe des techniques d'ajustement du prix complémentaire, dont la plus utilisée est la clause d'« *earn out* ».

L'attribution au cédant d'un complément de prix conditionné (clause d'« earn out »)

Afin de rendre possible la transaction tout en restant économiquement raisonnable, la clause d'« *earn out* » consiste à négocier un prix variable, composé d'une partie fixe et d'un complément de prix lié aux performances futures de l'entreprise.

La lettre d'intention

Un certain nombre de cédants potentiels sont, en réalité, des curieux qui souhaitent connaître la valeur de leur entreprise et se rassurer sur sa possible cession.

À un stade plus avancé en termes d'intention de vente, on rencontre des chefs d'entreprise fatigués, soucieux quant à l'avenir, qui, à l'occasion d'une opportunité, se sont déclarés vendeurs. L'intérêt marqué par le repreneur pour leur entreprise va les sécuriser. Au fur et à mesure des discussions, ils reprendront force et vigueur et ne parviendront pas, finalement, à abandonner leur « enfant », fruit d'un dur labeur de vingt à trente ans…

Le repreneur, qui de son côté a consacré du temps à la négociation et engagé des frais d'études, se trouve fortement pénalisé lorsque la négociation n'aboutit pas, du fait du cédant.

Il est donc recommandé pour l'une et l'autre des parties, de précontractualiser leurs intentions par une lettre d'intention conjointe.

La formalisation de l'intention du repreneur

Le repreneur a intérêt à ne pas montrer son empressement au cédant. Il doit prendre son temps afin de diminuer les risques et d'éviter l'achat impulsif.

Toutefois, lorsqu'il est convaincu d'avoir trouvé l'entreprise qui réunit ses critères de recherche, le repreneur a intérêt à formaliser une lettre d'intention et à la faire accepter formellement par le cédant, de façon à l'engager et à bénéficier d'une période d'exclusivité de négociation concernant la cession de son entreprise.

Ce document ne doit pas être formalisé trop tôt, et doit être le fruit des discussions et des accords oraux entre les parties. Il doit être simple, explicite et comporter une dimension économique.

Il nous paraît important qu'il soit remis en main propre, afin de le commenter oralement et ainsi de pouvoir analyser à chaud les réactions du cédant. En cas de désaccord important de la part de ce dernier sur le contenu de la lettre d'intention, nous recommandons de ne pas la lui laisser afin de mettre en forme une nouvelle proposition tenant compte des derniers échanges.

Le délai de réponse laissé au vendeur doit être relativement court (environ dix jours) afin d'éviter que ce dernier utilise cette proposition dans des négociations avec d'autres repreneurs potentiels.

La lettre d'intention, qui comprend généralement 3 à 4 pages, est rarement acceptée dans sa première mouture. Plusieurs versions sont souvent nécessaires avant que les parties s'entendent et signent ce document.

Le contenu de la lettre d'intention

Les principaux éléments constitutifs de la lettre d'intention sont les suivants :

⊃ l'objet du rachat (fonds de commerce, titres de sociétés) et la date de reprise envisagée ;

⊃ le prix qui doit être soit mentionné, soit déterminable à peine de nullité de l'acte ;

⊃ les clauses éventuelles d'ajustement du prix et les modalités de règlement ;

⊃ les conditions d'accompagnement demandées au(x) cédant(s) ;

⊃ les principales conditions de la garantie d'actif et de passif ;

⊃ les modalités en matière de non-concurrence et de non-débauchage (métiers concernés, durée, secteur géographique concerné...) ;

⊃ les conditions suspensives qui seront reprises dans le protocole de cession, dont les principales sont l'obtention des financements et la possibilité de réaliser un audit de la société ;

⊃ le calendrier de l'opération ;

⊃ la durée de validité de la lettre d'intention ;

⊃ l'agrément des autres actionnaires en cas de rachat partiel.

▶ *Un modèle indicatif de lettre d'intention est fourni en annexe 2 de cet ouvrage.*

Les audits d'acquisition

Les diagnostics développés dans ce chapitre portent un regard systémique et fonctionnel sur l'entreprise et son environnement. Ils doivent être complétés par une série d'examens approfondis, dont l'objectif est double :

⊃ valider la réalité des chiffres communiqués ;

⊃ mettre en évidence les risques à caractères réglementaires, fiscaux, sociaux et économiques qui doivent être connus du repreneur et couverts par le cédant.

Les deux principaux freins sont le temps et le budget, qui limitent considérablement l'étendue des vérifications dans la pratique. Le repreneur est généralement pressé et dispose de faibles moyens financiers, qu'il souhaite pouvoir répartir sur l'étude de plusieurs projets de reprise.

Les principaux contrôles et examens qui peuvent être envisagés sont les suivants :

L'audit comptable

Il a pour ambition de valider ou de corriger l'actif net comptable de la société cible, qui servira de bilan de référence pour la mise en jeu de la garantie d'actif et de passif. Chacun des postes composant le bilan est analysé dans une optique de révision comptable pour confirmer ou infirmer le caractère sincère, fidèle et exhaustif du bilan.

L'audit financier

Il s'agit ici :

➲ d'examiner les conséquences d'un changement d'actionnaire sur la poursuite des contrats de prêts bancaires existants et des autorisations de crédits court terme accordées à l'entreprise ;

➲ d'analyser les éventuelles cautions données par le cédant en garantie de crédits et qu'il sera nécessaire de lever lors de la reprise ;

➲ de vérifier que les délais de paiement sont conformes à la législation en vigueur ou aux normes sectorielles ;

➲ d'analyser plus précisément l'évolution de la trésorerie en cours d'année et son financement.

L'audit juridique

Il comprend :

➲ l'examen des statuts de la société, de la répartition du capital et de la capacité du vendeur à réaliser l'opération dans sa globalité (pacte d'actionnaires, promesse de vente) ;

➲ le contrôle des registres des assemblées générales et des mouvements de titres, des rapports du commissaire aux comptes et des conventions avec les dirigeants ;

⟳ l'analyse des titres de propriété des immobilisations, des privilèges et nantissements attachés aux divers actifs, des baux commerciaux, des accords de licences, des dépôts de marques et brevets et des litiges en cours.

L'audit des contrats en cours et du carnet de commandes

Le rachat des titres signifie la reprise et le respect des contrats signés par le prédécesseur. Le carnet de commandes signé doit donc être audité afin de dégager les marges attendues et de mettre en évidence les possibilités de résiliation et les indemnités éventuelles qui y sont attachées.

L'audit des stocks

De nombreux repreneurs sont victimes d'une surévaluation des stocks au moment de la reprise. Il est donc nécessaire de valider ou de faire valider, par un professionnel du secteur, la réalité et la valeur du stock repris, de manière visuelle et en s'appuyant sur les dates d'entrée et de sortie des articles, pour déterminer les éventuelles corrections à effectuer par rapport à la valeur comptable des stocks.

L'audit de l'outil de production et du système informatique

Un certain nombre de repreneurs se sont également trouvés piégés par des matériels de production non compétitifs ou à bout de souffle, et/ou des conditions d'exploitation qui n'étaient plus réglementaires.

Un audit de l'appareil industriel en termes de qualité et de performance de l'outil, de respect des normes de sécurité et d'hygiène, des réglementations européennes est donc indispensable. Il doit être réalisé par un professionnel neutre et spécialiste du secteur.

L'audit fiscal et social

L'audit fiscal

Bien que couvert par la garantie de bilan, le risque fiscal doit être apprécié plus largement au travers :

⊃ d'un contrôle du respect des règles sur des points particuliers (crédit d'impôt, recherche, formation, déclaration de TVA, calcul de la CET, etc.) ;

⊃ d'une recherche de passif fiscal latent (par exemple, report d'imposition fiscale sur des biens apportés à l'occasion d'une fusion) ;

⊃ d'une prise en compte des conséquences liées à la modification des conditions d'exploitation (déménagement du siège social).

L'audit social

En matière sociale, il est prudent :

⊃ de passer en revue les contrats des salariés, les avantages particuliers accordés, les frais de déplacement, l'existence de clauses de non-concurrence, les horaires pratiqués et les conditions d'exploitation en référence avec la convention collective et le droit du travail pour apprécier les risques de revendications ou de redressements ;

⊃ d'analyser la pyramide des âges, l'ancienneté et la rotation du personnel, sa qualification, les indemnités de fin de carrière, les liens de famille de certains salariés avec le cédant, l'évolution de la masse salariale sur les 3 derniers exercices, les jours de maladie, etc.

L'audit des engagements reçus et donnés

Les engagements dont bénéficie l'entreprise

Il convient de faire le point de manière précise sur la nature et l'étendue des contrats et engagements dont bénéficie l'entreprise, et sur le maintien ou non des conditions actuelles suite au changement de dirigeant. Il faut donc étudier :

⊃ Les contrats passés avec des clients ou des fournisseurs : modalités de renouvellement, échéances, etc.

⊃ Les dépôts de brevets : à quel nom les dépôts ont-ils été déposés ? sont-ils protégés ? dans quels pays ? etc.

⊃ Les contrats d'assurances : les garanties sont-elles suffisamment précises et étendues ?

⊃ Les baux commerciaux : conditions, échéances, types de contrats, etc.

⊃ Les contrats de subventions, d'aides publiques et d'avances remboursables : les conditions d'attribution sont-elles toujours respectées ? etc.

Les engagements pris par l'entreprise ou le dirigeant

Le repreneur, s'il conclut l'affaire, va devoir assumer les engagements pris par son prédécesseur au nom de l'entreprise, à compter de la date de transfert des titres. Il est donc essentiel de cerner la nature et l'ampleur des engagements pris, ainsi que leurs possibles répercussions sur l'exploitation future. Il faut donc étudier :

⊃ les garanties données aux clients (SAV, garantie décennale pour le bâtiment, etc.) et les engagements donnés aux fournisseurs (engagement de volume d'achat, de prix minimum, engagement de durée de contrat, etc.);

⊃ les garanties et engagements bancaires (cautions, engagement de mouvement commercial lié à un crédit, etc.);

⊃ les engagements donnés aux salariés (clause de révision de salaire dans les contrats, avantages particuliers accordés, etc.).

L'audit réglementaire et environnemental

L'analyse des contraintes réglementaires imposées à l'entreprise et la vérification de leur respect sont également primordiales. Différents points sont à contrôler, dont :

⊃ les normes en matière sonore, de pollution (air, eau, sol), d'hygiène et de sécurité, etc.;

⊃ l'obtention des assurances et des autorisations obligatoires.

L'audit des relations intergroupe

Les relations intergroupe peuvent grandement fausser la performance économique réelle d'une société. Il faut donc analyser de manière approfondie, lorsque c'est le cas, les liens pouvant exister entre les sociétés d'un même groupe :

⊃ les liens financiers en matière de trésorerie, de garantie ou de financement;

⊃ les liens en matière d'exploitation : services communs, personnels détachés;

⊃ les liens contractuels : contrats signés au niveau du groupe et profitant aux filiales.

Le protocole d'acquisition et les garanties associées

La signature d'un protocole bien verrouillé

Le protocole d'acquisition est le document juridique le plus élaboré pour concrétiser les intentions des deux parties. Ses principaux éléments constitutifs sont :

⊃ Une promesse de vente incluant l'ensemble des éléments précités dans la lettre d'intention.

⊃ Les conditions suspensives qui devront être levées pour que la cession devienne effective : obtention des financements bancaires par le repreneur, possibilité pour ce dernier de réaliser un audit de la société...

⊃ En cas de création d'une société holding pour reprendre la société cible, les modalités de création de cette société avec la structure de l'actionnariat.

⊃ Les modifications statutaires consécutives à la cession des titres.

⊃ Les dates et les délais de réalisation de l'opération.

⊃ La faculté éventuelle de substitution précisant le ou les bénéficiaires.

⊃ Les modalités de règlement de tout litige.

⊃ La détermination du prix.

⊃ L'établissement de la situation comptable de référence à la date de transfert des titres.

⊃ L'évaluation des stocks.

⊃ La mise en jeu de la garantie d'actif et de passif.

⊃ L'engagement d'une gestion normale et habituelle pendant la période intérimaire, entre la signature du protocole et le transfert des titres. Le cédant s'engage à ne réaliser aucun investissement, aucune embauche, aucune conclusion ou rupture de contrats significatifs sans information préalable du cessionnaire, ainsi qu'à ne signer aucun acte, ni prendre aucune décision de nature à fausser les conditions sur la base desquelles l'accord a été conclu.

Les annexes du protocole sont fondamentales et doivent être considérées comme parties intégrantes de l'acte. Elles précisent :

⊃ le projet de convention de garantie d'actif et de passif;

⊃ les éléments qui s'y rattachent : bilan de référence, listes des créances clients et des engagements donnés et reçus, etc.

⊃ le projet de modification des statuts;

⊃ le cas échéant, le projet de pacte d'actionnaires.

Une telle pratique permet de limiter les discussions et désaccords futurs. Les points les plus sensibles dans la rédaction de l'acte sont la fixation des conditions suspensives et résolutoires, qui doivent être extrêmement précises à défaut de nullité, ainsi que les indemnités éventuelles qui en découlent.

La négociation de garanties solides et faciles à mettre en œuvre

La garantie d'actif et de passif

Cette garantie est à négocier uniquement en cas de rachat de titres.

Le repreneur devient responsable en tant que nouveau dirigeant mandataire de l'intégralité des charges incombant à la société, tant pour la gestion passée que future. C'est pourquoi, il doit se couvrir par rapport aux éventuels sinistres ou pénalités dont les faits sont antérieurs à la date de reprise.

En donnant une garantie d'actif et de passif, le cédant s'engage à indemniser l'acquéreur de toute perte, charge, tout dommage, préjudice subis par la société en conséquence d'un événement ayant une cause ou une origine antérieure à la date de cession.

Pour être efficace, la garantie d'actif et de passif doit être la plus précise (notamment sur les termes comptables et les définitions utilisées) et la plus complète possible ; d'où l'utilité d'un audit approfondi et l'adjonction d'annexes détaillées sur les points sensibles (le bilan de référence, la liste des salariés, l'état des nantissements, la liste des litiges en cours...) auxquelles les deux parties pourront se référer en cas de mise en jeu de la garantie.

Ses éléments constitutifs essentiels sont les suivants :

⊃ la désignation des parties et de la ou des sociétés faisant l'objet de la transaction ;

⊃ une série de déclarations de la part du vendeur précisant :

- sa capacité à intervenir ;
- la régularité de la société quant à son fonctionnement et à l'égard des tiers ;

– l'absence de nantissement sur les titres ou les actifs cédés ;

– la propriété effective de son fonds de commerce, des noms et marques attachés ;

– la non-mise en cessation des paiements ;

– la non-résiliation des baux commerciaux ;

– le respect des règles en vigueur sur le plan du droit social et des conventions collectives ;

– l'absence de procès ou litiges en cours, autres que ceux qui sont annexés au document ;

– la liste des contrats et conventions contenant une clause de résiliation anticipée en cas de changement d'actionnaire majoritaire ;

– la liste des engagements donnés à des tiers.

⊃ le contenu et la consistance de la garantie d'actif et de passif, c'est-à-dire :

– la date du bilan de référence ;

– l'engagement d'exhaustivité et de sincérité ;

– la garantie du vendeur contre toute diminution d'actif ou augmentation de passif, ayant une origine antérieure à la cession et qui aurait été soit non inscrite, soit insuffisamment provisionnée ;

– le détail du carnet de commandes avec les marges prévisionnelles ;

– les conditions de mise en jeu de la garantie ;

– les délais et informations du cédant à respecter ;

– le renoncement du vendeur au bénéfice de discussion ;

– les modalités de règlement.

⊃ les conditions de mise en jeu de la garantie de bilan :

– l'assiette : pourcentage de couverture par rapport à un appel de garantie ;

– le plafond : montant maximal d'indemnités qui seront versées par le cédant ;

– le seuil de déclenchement : montant minimal en dessous duquel la garantie ne jouera pas ;
– la franchise : montant à partir duquel la garantie commence à jouer ;
– la durée de validité ;
– la législation applicable ;
– l'élection de domicile.

Il convient enfin de préciser si la garantie profite à l'entreprise ou au cessionnaire.

La garantie de la garantie

Une garantie n'a de sens que si l'on est certain de pouvoir la mettre en jeu. Le cessionnaire a donc tout intérêt à demander de solides garanties à cet effet. Parmi les solutions possibles, citons :

⊃ La caution bancaire à première demande : la banque se porte fort pour le cédant du règlement des indemnités liées à la mise en jeu de la garantie d'actif et de passif, et ce à première demande du cessionnaire.

⊃ La caution bancaire simple : la banque se porte fort de la solvabilité du cédant pendant la période couverte par la garantie d'actif et de passif.

⊃ Le bénéfice d'un contrat d'assurance couvrant la garantie d'actif et de passif souscrit par le cédant au moyen du versement d'une prime unique, lors de la mise en place du contrat. Le cédant se trouve ainsi déchargé personnellement des conséquences de la mise en œuvre de la garantie de bilan.

⊃ L'octroi d'un crédit vendeur, sur le paiement des titres ou le remboursement de comptes courants, étalé sur plusieurs années par le cédant, qui constitue en lui-même une capacité de compensation pour l'acquéreur.

On peut enfin renforcer l'exécution des obligations du cédant, par le versement d'intérêts de retard, en cas de règlement tardif, des indemnités prévues par la convention de garantie.

Les engagements et garanties complémentaires du cédant

Le premier engagement qui vient naturellement à l'esprit est l'engagement de démission du cédant et du conseil d'administration, afin d'éviter le paiement de frais de licenciement par le repreneur. Cette démarche peut également être suivie par les membres de sa famille en cas de nécessité.

Le cédant promet toutefois fréquemment de transmettre son savoir-faire et par conséquent de rester un minimum de temps à disposition du repreneur, sous des formes qui peuvent être variables : contrat à durée déterminée, vacation en tant que conseil extérieur, gratuité compte tenu d'un prix fixé intégrant cette passation de pouvoir et d'information, convention de tutorat.

La clause de non-concurrence vient compléter ce dispositif de protection du repreneur. Elle doit être précise dans son contenu en termes de définition de métiers interdits, de périodes et de zones géographiques concernées. Elle peut s'étendre aux ayants droit qui travaillaient dans l'entreprise et au conjoint du cédant.

L'engagement de non-débauchage, pour sa part, garantit le repreneur contre toute tentative de recrutement ultérieur de collaborateurs de la société par le cédant. La période de validité de cette clause est généralement la même que celle concernant la clause de non-concurrence.

▶ Voir l'annexe 3 : Modèle indicatif de protocole d'accord, p. 167.

La recherche
de financement

La recherche des financements auprès de plusieurs banques doit s'opérer très tôt, compte tenu des délais nécessaires au traitement de ce type de dossier (intervenants multiples, contre-garantie Oséo, décision au niveau de la direction des opérations spéciales), et du temps nécessaire pour négocier les propositions des banques (taux et garanties). La mise en concurrence systématique de 4 ou 5 banques permet d'obtenir de meilleures conditions, et de lever tout ou partie des cautions personnelles.

Idéalement, le montage financier ne doit ni être trop tendu, ni reposer sur des prévisions trop optimistes. Il doit s'appuyer sur une analyse approfondie de la rentabilité passée et prendre en compte les investissements futurs à réaliser, tout en laissant une marge de manœuvre importante (30 %) pour les remboursements futurs.

L'équilibre doit être recherché entre les apports et l'endettement, afin de sécuriser le montage. Les dossiers de reprise de PME reposent en moyenne sur 1/3 de fonds propres et 2/3 de crédit moyen terme, d'une durée de sept ans.

Attention aux distributions de dividendes excessives lors du rachat de l'entreprise, qui risquent de handicaper son avenir. L'entreprise doit disposer d'une trésorerie positive après la reprise, afin de bénéficier des moyens d'action qui favoriseront son développement.

Il faut prévoir une marge de manœuvre personnelle en n'apportant pas toutes ses disponibilités de façon à pouvoir soutenir l'entreprise ultérieurement si besoin est, ce qui rassurera les partenaires financiers.

La caution personnelle est très largement demandée. Elle vient, en principe, compenser un manque d'apport du repreneur. Dans la pratique, elle est très mal vécue et constitue une pression qui pèse sur les décisions de tous les jours. Si on ne peut pas y échapper, il convient de la limiter dans son montant et sa durée en s'appuyant sur une garantie externe, du type Oséo ou société de caution mutuelle.

L'augmentation des apports et l'absence de caution restent, malgré tout, les meilleures solutions. La montée en puissance du capital-risque au cours des dernières années offre aujourd'hui de réelles opportunités aux repreneurs, qui ont tout à gagner dans ce partenariat (renforcement financier, appui stratégique, crédibilité accrue).

La reprise effective

Le premier facteur clé de succès pour l'ensemble des repreneurs interrogés est la capacité de communication. Il faut très vite rassurer, écouter, convaincre, séduire les différents acteurs et partenaires de l'entreprise (salariés, clients, fournisseurs, banquiers), tout en se méfiant de l'encadrement vis-à-vis duquel le repreneur ne bénéficie d'aucune légitimité, n'ayant pas créé l'entreprise.

Le nouvel arrivant aura soin de s'imposer progressivement, en respectant la culture de l'entreprise. Textuellement, il lui est recommandé de se mettre dans les « chaussons » du cédant pour respecter un temps d'observation de trois à six mois, avant de procéder aux changements qu'il juge nécessaires.

Attention à ne pas modifier trop rapidement une équipe qui gagne !

L'aspect humain est déterminant en interne comme en externe. Il convient de rester humble, de prendre conseil en interne comme en externe sur les actions à mener, de ne pas irriter le cédant durant la phase de passation du pouvoir.

Cette période de partage des commandes de l'entreprise est le plus souvent difficile à vivre par le repreneur. Elle l'empêche de s'affirmer comme le véritable patron et de prendre certaines mesures qui remettent en cause l'organisation passée.

Il faut rechercher un passage de témoin progressif sur trois à six mois. Dans la mesure où le repreneur est du métier, ce délai peut et doit être réduit afin de favoriser sa liberté de manœuvre. En fait, il ne peut y avoir durablement deux patrons à la tête d'une entreprise.

Cette première période d'observation passée, le repreneur doit s'imposer rapidement comme le nouveau patron et prendre les mesures d'économies de frais généraux, de restructuration et d'investissements indispensables à une meilleure productivité et au développement de l'entreprise.

La mise en place d'un système d'information fiable est vivement recommandée afin de bien maîtriser l'évolution de l'entreprise. Parmi les différents moyens évoqués, citons :

⊃ l'informatisation de l'entreprise ;

⊃ la mise en place de tableaux de bord ;

⊃ le suivi précis des chantiers, des prix de revient, de la qualité, de la trésorerie.

Parallèlement, le repreneur doit rassurer, apaiser les craintes et remotiver le personnel qui connaît naturellement une période d'incertitude et de flottement à l'occasion du changement de dirigeant. Il peut utiliser différents leviers, parmi lesquels :

⊃ l'intéressement ;

⊃ la formation continue ;

⊃ la transparence au niveau des résultats ;

⊃ la mise en place de petites choses qui facilitent le quotidien : nouvelle machine à café, nouveaux matériels de chantier, etc.

Pour réussir, le repreneur doit très vite gagner la confiance de son personnel et s'entourer d'une bonne équipe sur laquelle il pourra compter. Il aura ainsi la possibilité de se mettre en retrait de temps en temps, et pourra plus facilement conserver une vision à moyen long terme de son entreprise.

▶ *En guise de synthèse, une grille d'analyse fournie en annexe 4 p. 187 vous donne la possibilité de mesurer les chances de succès de votre projet.*

Chapitre 2

Le montage juridique et fiscal

Quel mode de reprise choisir?

En cas de reprise par une personne physique

Le choix du mode de reprise est important à plusieurs titres, puisqu'il détermine à la fois la responsabilité du repreneur, les charges supportées par l'entreprise et la capacité de remboursement de la dette de reprise.

En la matière, de nombreux choix s'offrent au repreneur, dégageant des revenus disponibles distincts variant de un à quatre selon le mode de reprise et le mode de remboursement choisis ; autant dire que ce choix conditionne non seulement la réussite de l'opération mais également le futur niveau de vie du repreneur.

La reprise d'actifs ou de titres

L'achat d'actifs professionnels

Avantages

La reprise d'actifs seuls, qu'il s'agisse de fonds de commerce ou de matériels, permet d'éviter tous risques liés à la gestion passée. Les engagements pris par le prédécesseur comme les conséquences fiscales et sociales de sa gestion lui restent opposables.

Le repreneur démarre sur des bases nouvelles sur le plan fiscal et administratif (nouveau SIREN), tout en bénéficiant immédiatement d'un outil de travail opérationnel et d'un minimum de clientèle.

Inconvénients

Le rachat des stocks pose un triple problème :

⊃ le financement est généralement assuré sur une période courte par le cédant ou une banque ;

⊃ aucune garantie n'est possible à l'exception des warrants (garantie sur stock du type Auxiga) ;

⊃ la TVA sur stocks doit être avancée, ce qui peut contraindre le repreneur à négocier une avance de trésorerie correspondante dans l'intervalle de la récupération de son crédit de TVA.

Par ailleurs, l'ensemble des aides, subventions et exonérations dont a pu bénéficier le prédécesseur ainsi que les crédits d'impôts et reports déficitaires dont il peut profiter ne sont pas transférés au repreneur.

Contraintes juridiques

Lors de l'acquisition d'un fonds de commerce, la reprise des salariés est obligatoire, ainsi que l'ensemble des contrats en cours (baux commerciaux, assurances, leasing, etc.).

Le repreneur doit donc être extrêmement vigilant sur la nature des contrats repris, principalement en matière de contrats de travail, les éventuels coûts de licenciements ultérieurs étant à sa charge.

Contrainte fiscale pour le cédant

Pour le cédant, la taxation de la plus-value réalisée dépendra du montant du prix de vente :

⊃ lorsque le prix de vente est inférieur à 300 000 €, les cessions de branches complètes d'activité sont exonérées d'IR ou d'IS ;

⊃ lorsque le prix de vente est entre 300 000 et 500 000 €, la plus-value est exonérée de manière dégressive ;

⊃ lorsque le prix de vente est supérieur à 500 000 €, la plus-value est taxée entièrement soit à $33^{1/3}$ % (taux normal de l'IS) lorsque le fonds de commerce est détenu par le biais d'une société soumise à l'IS, soit à 31,5 % lorsque le fonds de commerce est détenu en direct par le cédant ou par une société soumise à l'IR.

Dans le cas d'une société soumise à l'IS, pour appréhender la trésorerie restante, le cédant devra se verser soit un salaire qui supportera les charges sociales et l'IR, soit un dividende qui supportera la CSG et l'IR.

La cession de fonds de commerce n'est donc pas nécessairement intéressante pour un cédant lorsqu'il l'exploite par le biais d'une société soumise à l'IS.

L'achat de titres

Avantages

⊃ Sur le plan fiscal, les droits d'enregistrement perçus sur le transfert des titres sont limités à 3 % pour les SARL au-delà de 23 000 € de prix de cession, et 3 % jusqu'à 200 000 €, puis 0,5 % au-delà pour les SA. Par ailleurs, la reprise des déficits fiscaux et les crédits d'impôts attachés à la personne morale constituent en eux-mêmes une réduction du prix de l'entreprise.

⊃ Sur le plan administratif, la reprise des autorisations diverses et variées ainsi que le maintien des contrats, subventions et aides dont bénéficie la société offrent une poursuite d'activité plus fluide et plus assurée.

⊃ Sur le plan financier, la reprise des titres permet de bénéficier des financements mis en place, tant au niveau du court terme (financement du BFR par les fournisseurs et autorisations de crédits court terme confirmées) que du moyen et long terme (crédits bancaires existants).

Inconvénients et risques associés

La reprise des engagements existants et de la gestion passée du cédant constitue un réel danger pour le repreneur. Ce risque est toutefois partiellement limité par la garantie d'actif et de passif négociée avec le cédant.

Enfin, la reprise des titres n'emporte pas automatiquement le maintien des contrats en cours et de leurs conditions :

⊃ Certains contrats de crédits prévoient la possibilité pour la banque de rendre exigibles les prêts consentis en cas de changement d'actionnaire majoritaire. Les autorisations de crédits court terme non confirmées dont bénéficiait l'entreprise jusqu'alors peuvent également être diminuées ou supprimées, avec un préavis de soixante jours ;

⊃ Le changement d'actionnaires peut aussi être l'occasion d'une demande de caution personnelle au nouveau dirigeant et d'une révision à la hausse des conditions sur les crédits court terme ;

⊃ Parallèlement, les fournisseurs et les organismes d'assurance-crédit peuvent réduire leurs délais de règlement et leur montant de garantie sur l'entreprise, en cas de méconnaissance du repreneur ou de craintes sur l'avenir de l'entreprise suite à sa reprise.

Le repreneur a donc tout intérêt à prendre contact rapidement avec les différents partenaires de l'entreprise afin de se présenter et de rassurer ses interlocuteurs, en vue de négocier le maintien, voire l'amélioration, des conditions dont jouissait l'entreprise avant la reprise.

La reprise totale ou progressive

La reprise en une fois de la totalité des titres

Avantages

Le repreneur est totalement maître chez lui. Il évite ainsi les problèmes de relations et de légitimité entre associés fondateurs et nouveaux associés. La situation est totalement claire pour le personnel et pour le cédant, qui privilégie en règle générale cette solution.

Sur le plan du montage financier, une reprise globale donne une totale liberté quant au choix du mode de reprise et de remboursement.

Cette solution permet de fixer définitivement le prix de la transaction. Le repreneur peut ainsi se consacrer totalement au développement de l'affaire, sans arrière-pensée sur le surcroît de prix qu'il aura à payer sur les titres qui lui restent à acheter dans le cas contraire.

Inconvénients

Le prix à payer immédiatement est plus important, et l'affaire risque de ne pas être réalisable par un repreneur disposant de faibles apports.

Les risques inhérents à la méconnaissance de l'entreprise sont réels, même si l'on cherche à les limiter par les garanties présentées en première partie. En effet, le repreneur extérieur qui n'a pas eu l'occasion de s'immerger dans l'entreprise préalablement à la transaction court le risque de nombreuses découvertes, pour certaines désagréables, lors de la prise en main effective de la société.

L'accompagnement du cédant, dans ce cas de figure, est fondamental. Le risque d'une reprise intégrale est de voir le cédant ne pas jouer le jeu de la passation de pouvoir avec le repreneur.

La reprise progressive

Avantages

Du fait de la prise en main progressive de l'entreprise, le repreneur s'intègre plus facilement, et s'impose naturellement auprès du personnel et des clients. Le cédant et l'acquéreur apprennent à mieux se connaître, parfois même à s'apprécier. La transmission se réalise en douceur sur tous les plans : technique, commercial, humain et financier.

Elle se rapproche d'une transmission familiale, qui constitue la référence en termes de réussite, puisqu'elle s'opère le plus souvent en fonction des capacités financières de l'entreprise. Les moyens financiers nécessaires pour le repreneur sont plus limités. L'acquisition des titres se réalise progressivement en fonction de ses possibilités financières.

Inconvénients

La cohabitation peut être difficile à supporter pour les deux parties, et être préjudiciable à la longue à l'entreprise.

La reprise progressive d'un fonds de commerce n'étant pas possible sur le plan juridique, le repreneur devra obligatoirement procéder par un rachat progressif de titres.

La reprise à titre personnel ou par le biais d'une société

La reprise à titre personnel

Les principales options dans le cas d'une reprise en nom personnel sont présentées ci-après sous forme d'un arbre de décision.

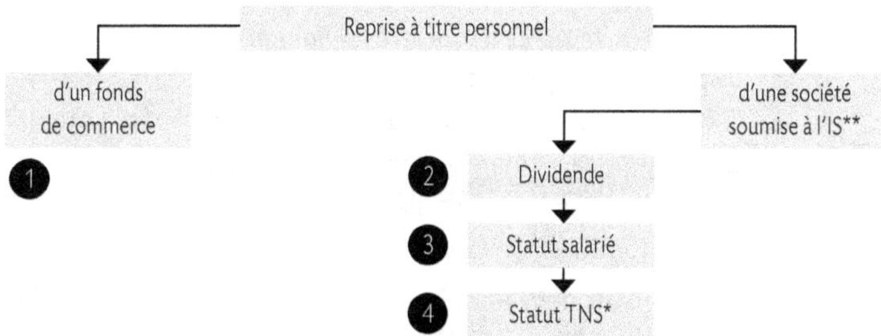

* TNS : correspond à la position de gérant majoritaire dans une EURL ou une SARL.
** IS : Impôt Société

La reprise d'un fonds de commerce en nom propre

Avantages

Outre la rapidité et la simplicité administrative, le repreneur peut déduire les frais inhérents au rachat du fonds de commerce de son résultat d'exploitation. Il bénéficie intégralement de la capacité d'autofinancement pour faire face aux charges de remboursement du crédit de reprise.

Inconvénients

Le repreneur est responsable indéfiniment sur ses biens personnels des dettes contractées en vue de la reprise du fonds de commerce et de son exploitation.

Le calcul de son IRPP et de ses charges sociales s'effectue à partir de son résultat, quel que soit le montant de ses prélèvements.

Après quelques années, les frais financiers diminuant dans les échéances de crédit, la fiscalité du dirigeant augmente et ses possibilités de prélèvements personnels diminuent.

Enfin, la reprise à titre personnel ne permet pas d'ouvrir son capital à des partenaires extérieurs. Elle limite donc la taille de la cible susceptible d'être rachetée et l'effet de levier financier pour le repreneur.

La reprise de titres de société en nom propre avec régime IS (Impôt Société)

Si le repreneur opte pour la reprise d'une société soumise à l'IS, les frais financiers de l'emprunt personnel et les droits d'enregistrement, liés au rachat des titres, ne seront pas déductibles.

Le dirigeant devra donc soit se distribuer des dividendes, soit prélever des sursalaires afin de rembourser les crédits personnels liés au rachat des titres. Le revenu disponible variera en fonction du statut social du repreneur (salarié ou Travailleur Non Salarié) et du mode de rémunération choisi (salaire ou dividende).

Par ailleurs, le repreneur est responsable indéfiniment des dettes contractées à titre personnel, en vue de la reprise des titres de la société cible.

La reprise par le biais d'une société

Différentes options s'offrent au repreneur dans ce cas de figure :

⊃ reprendre un fonds de commerce ou des titres de société ;

⊃ opter pour le régime des BIC ou pour l'IS ;

⊃ décider de se rémunérer sous forme de salaire ou de dividendes.

Selon le montage, des opportunités ou des contraintes fiscales apparaissent, qui ont des répercussions très importantes sur le revenu disponible.

Après avoir énoncé les avantages et inconvénients de la reprise en société, nous présentons les principaux montages à la disposition du repreneur. Par souci de simplification, nous ne présentons ci-après que les montages comprenant une société holding soumise à l'IS, qui correspond au schéma classique mis en œuvre dans la plupart des opérations de reprise d'entreprise.

Les avantages et inconvénients de la reprise en société

Avantages

Le premier avantage réside dans la capacité du repreneur à limiter son engagement et sa responsabilité vis-à-vis des banques et des tiers au montant de son apport en capital, dans la mesure où il crée une société de capitaux.

La personne morale à responsabilité limitée constituée par le repreneur emprunte pour réaliser l'opération et donne en garantie les actifs faisant l'objet du financement (nantissement du fonds de commerce ou des titres de la société reprise).

La reprise sous forme sociétale offre un deuxième avantage : la possibilité de s'associer pour réaliser l'opération. L'addition des compétences, des expériences et des moyens financiers des différents actionnaires permet de renforcer les capacités d'intervention du repreneur, initiateur et porteur du projet et de rassurer les partenaires financiers.

Enfin, sur un plan fiscal, les personnes physiques qui réalisent une reprise *via* une société soumise à l'IS peuvent, sous réserve du respect d'un certain nombre de critères, bénéficier d'une réduction d'impôt sur le revenu.

Inconvénients

L'association peut faire craindre à certains une perte d'autonomie ou de pouvoir, liée au partage du capital.

Le formalisme juridique lié à la constitution et au fonctionnement d'une société peut également être perçu comme un frein par un repreneur, qui souhaite agir avec rapidité et simplicité, tout en limitant les frais. Cet argument nous paraît peu justifié en matière de constitution d'EURL, de SARL ou de SAS, dont le formalisme et les contraintes sont limités : capital minimal de 1 €, associé unique possible, pas d'exigence de commissaire aux comptes dans la limite des obligations fixées par la loi.

Principaux choix possibles pour un repreneur qui opte pour l'IS dans sa société de reprise

L'arbre de décision ci-après présente les principales solutions possibles :

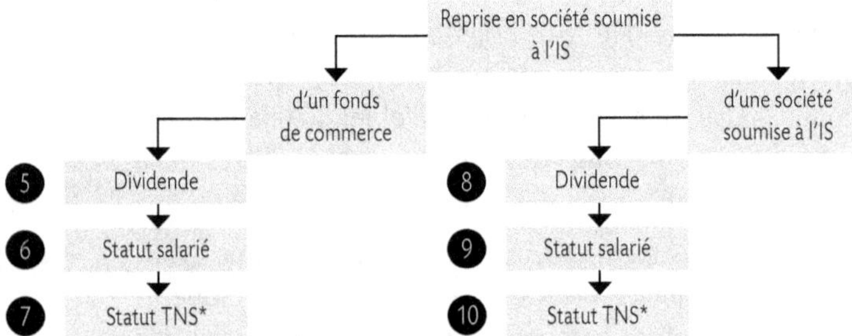

* TNS : correspond à la position de gérant majoritaire dans une EURL ou une SARL.

La reprise d'un fonds de commerce via une société soumise à l'IS

Avantages

Outre les avantages déjà énoncés liés à la reprise en société (responsabilité limitée aux apports, possibilité de donner en garantie le fonds de commerce, possibilité de s'associer), la reprise d'un fonds de commerce permet de déduire du résultat d'exploitation les frais financiers de l'emprunt de reprise, et cela quel que soit le régime fiscal adopté par la société (BIC ou IS). La partie capital de l'emprunt est remboursée par prélèvement direct sur la trésorerie de la société, évitant ainsi les déperditions fiscales et sociales évoquées précédemment, en cas de reprise à titre personnel (sursalaires entraînant charges sociales et IR).

Inconvénients
Les inconvénients sont les mêmes que ceux énoncés précédemment, soit principalement la perte d'autonomie en cas d'association au capital et le formalisme juridique propre aux sociétés.

La reprise d'une société soumise à l'IS *via une société soumise à l'IS*

Avantages
Outre les différents avantages déjà mis en avant, inhérents à une reprise de société, la reprise des titres d'une société soumise à l'IS permet de bénéficier de trois options fiscales distinctes, dont une, l'intégration fiscale, est particulièrement intéressante.

Inconvénients
La lourdeur administrative et financière liée à la gestion de deux sociétés soumises à l'IS, notamment dans le cadre de l'intégration fiscale ; s'agissant de deux personnes morales distinctes, les opérations financières entre les deux sociétés sont strictement réglementées.

Options fiscales possibles
Elles sont présentées ci-après, de la plus simple à la plus contraignante, de la moins intéressante à la plus avantageuse, à savoir le régime de droit commun, le régime mère-fille et le régime de l'intégration fiscale.

A. Le régime de droit commun

Aucune contrainte de détention de titres, ni en délai, ni en pourcentage.

Principe
Le dividende est fiscalisé au taux normal.
Pour un dividende de 100 :
100 X 33,33 % = 33,33 d'IS
d'où un dividende à distribuer majoré de 50 % pour faire face aux échéances de crédit du holding.

Exemple

Pour une charge de remboursement du holding de 100, le dividende à distribuer pour faire face aux charges de remboursement du crédit du holding sera égal à 150.
= 150 − (150 × 33,33 % d'IS) = 100 net.

B. Le régime mère-fille

Contraintes
Un minimum de 5 % de titres détenus est nécessaire pour opter pour ce régime. Ils doivent être nominatifs, appartenir en pleine propriété à la société mère et avoir fait l'objet d'un engagement de conservation de deux ans minimum.

Avantages
Une exonération d'impôt sur les revenus mobiliers de la société fille, à l'exception de la réintégration d'une quote-part pour frais et charges de 5 %.

Conséquence
L'impôt net à payer sur la distribution de dividende net est de :
Dividende : 100
100 X 5 % de quote-part pour frais et charges = 5.
5 X 33,33 % = 1,67 % d'IS à régler en sus.

Pour une charge de remboursement du holding de 100, le dividende à distribuer pour faire face aux charges de remboursement du crédit du holding, compte tenu de la réintégration de 5 % pour quote-part de frais et charges, sera égal à 100/(100 – 1,67) % = 101,70.

C. Le régime de l'intégration fiscale

Contraintes

Les sociétés mère et fille doivent être soumises à l'IS, ouvrir et clôturer leurs exercices aux mêmes dates. Le pourcentage minimal de détention des titres de la fille est très élevé : 95 %. L'option pour ce régime est de cinq ans et toute sortie anticipée peut être pénalisante pour le groupe sur le plan fiscal.

Avantages

Les résultats du groupe sont totalement intégrés, ce qui permet la compensation des déficits du holding avec les bénéfices de la société cible. Concrètement, les intérêts des emprunts souscrits par le holding viennent s'imputer, dans le cadre de la détermination du résultat d'ensemble, sur les bénéfices de la cible.

L'option pour l'intégration fiscale permet de plus de bénéficier de la neutralisation de la réintégration de 5 % pour quote-part de frais et charges sur les produits de participations.

Charge de remboursement du holding = 100 dont 50 de frais financiers. Dividendes à distribuer avec option pour le régime de l'intégration fiscale = 100, le principe de l'exonération d'impôt sur les distributions de dividendes du régime mère-fille étant applicable.

En complément, le régime de l'intégration fiscale permet d'alléger la charge d'impôt de la société fille en déduisant de son résultat d'exploitation les frais financiers du holding. Soit, dans le cas présent, une économie d'impôt de 50 X 33,33 % = 16,67.

Soit un gain de trésorerie qui permet de ramener la trésorerie nette affectée au remboursement du crédit à 100 – 16,67 = 83,33.

À comparer aux distributions de dividendes nécessaires dans le régime de droit commun, de 150, cela représente une économie de près de 45 %.

Synthèse

Ce qu'il convient d'éviter :

⊃ la reprise à titre personnel, qui implique une responsabilité indéfinie du repreneur sur les dettes de reprise, et qui est pénalisante sur le plan du revenu disponible puisqu'elle présente un surcoût d'environ 20 à 30 % par rapport à la reprise en société ;

⊃ le statut de salarié, qui est pénalisant en termes de revenu disponible du fait d'un niveau de charges sociales nettement supérieur à celui du statut TNS.

Ce que nous recommandons en matière de rachat de fonds de commerce : le meilleur montage dans ce cas est le montage n° 7 qui correspond à la reprise d'un fonds de commerce *via* une société soumise à l'IS avec un statut de TNS. Les avantages de cette formule sont :

⊃ la simplicité ;

⊃ l'imputation des frais financiers sur le résultat d'exploitation ;

⊃ la possibilité d'utiliser l'intégralité de la trésorerie dégagée par la CAF ;

⊃ des charges sociales réduites du fait du statut TNS.

Ce que nous recommandons en matière de rachat de titres de société : lorsque la reprise de fonds de commerce n'est pas possible et que le repreneur doit faire l'acquisition des titres de la société cible, c'est le montage n° 10, reprise *via* une société soumise à l'IS et un statut de TNS, qui doit être privilégié. Le régime fiscal (mère-fille ou intégration fiscale) sera ensuite choisi en fonction des caractéristiques du dossier : pourcentage de détention entre le holding et la cible, niveau d'endettement, possibilité de mettre en place une convention de prestations de service entre la société holding et la société cible, etc.

La location-gérance du fonds de commerce

La location-gérance, permet à un propriétaire de louer son fonds de commerce à un exploitant soit pour des raisons personnelles (l'incapacité temporaire à gérer soi-même par exemple), soit pour permettre au locataire d'apprécier la valeur du fonds en vue d'une future cession.

Intérêt pour le repreneur

Le principal avantage est la possibilité de tester le potentiel de l'entreprise à racheter préalablement à son acquisition.

Cette formule peut également permettre au futur repreneur de renforcer sa capacité d'apport, dans la mesure où la rentabilité espérée de l'entreprise est supérieure à sa rémunération actuelle.

Risques et limites associés

Pour le repreneur

Au terme de la location-gérance, le propriétaire, s'il ne s'est pas engagé à vendre son fonds, peut le récupérer (clientèle et matériel compris) et reprendre une gestion à titre personnel ou louer le fonds à un autre locataire.

La promesse réciproque étant impossible, le loueur de fonds aura tendance, pour se rassurer sur les intentions du locataire, à exiger une promesse d'achat de sa part, sans s'engager lui-même sur l'issue de la location-gérance.

Une telle position est bien évidemment très inconfortable pour un éventuel repreneur, qui risque de voir son travail de développement de l'entreprise profiter à terme au loueur de fonds.

Son intérêt est bien évidemment contraire. Il doit chercher à négocier une promesse de vente de la part du loueur à une échéance courte (18 à 36 mois) et à un prix soit déterminé, soit déterminable facilement.

Pour le cédant

Selon le Code de commerce, le propriétaire d'un fonds de commerce est solidairement responsable de l'ensemble des dettes contractées par le locataire gérant pendant les six premiers mois suivant la publication du contrat de gérance libre.

Au-delà, le Code des impôts stipule que le propriétaire reste responsable indéfiniment et solidairement des impôts directs dus par le locataire gérant.

Par ailleurs, même si le locataire honore l'ensemble de ses dettes, la valeur économique du fonds peut diminuer au fur et à mesure de la location-gérance, du fait par exemple d'une perte de clientèle progressive ou d'un non-renouvellement des matériels nécessaires à l'exploitation.

Il s'agit là de risques considérables qui limitent dans les faits ce type de montage, soit à des opérations de cogestion entre le cédant et le futur repreneur *via* une nouvelle société d'exploitation détenue à parts égales, soit à des locations à des membres de la famille ou des salariés connus de longue date.

La location des titres de la société cible
Principes et conditions d'application

Seules les parts sociales et les actions des sociétés soumises à l'IS sont concernées par cette mesure, à l'exception des titres détenus par les sociétés de capital-risque ou logés dans un PEA et des titres de sociétés d'exercice libéral.

Le locataire doit obligatoirement agir en tant que personne physique. Il lui est impossible de prendre en location les titres de la cible *via* une société civile ou commerciale. Le bailleur, en revanche, peut être une personne morale ou physique. Il n'y a aucune obligation de détention préalable ou de location minimale des titres, tant pour le locataire que pour le bailleur qui fixent librement la durée du bail et le loyer.

Durant la phase de location, les décisions relatives aux modifications des statuts appartiennent au bailleur ; les autres décisions, dont celles touchant aux distributions de dividendes, sont du ressort du locataire.

Intérêt pour le repreneur

La période de location permet de réduire le risque économique et juridique de l'opération.

Avant même de procéder à l'achat de la société, le repreneur va pouvoir réaliser un audit grandeur nature, se faire une opinion sur le personnel et la clientèle de l'entreprise, apprécier la qualité de l'outil de travail et le potentiel du marché.

Cette période de location pourra être assortie d'une phase d'accompagnement et de passage de témoin progressif du cédant. Le temps passant, le repreneur pourra limiter ses exigences en matière de garantie d'actif et de passif, ce qui favorisera la négociation avec le cédant.

La démonstration de sa faculté de gestion de l'entreprise en bon professionnel lui facilitera enfin l'obtention des financements nécessaires à la reprise des titres. Un mécanisme de crédit-bail sur les titres de société a d'ailleurs été instauré ; il permet de financer dès l'origine la location des titres avec une option d'achat au terme.

Risques et contraintes associés

Comme pour la location-gérance, le principal inconvénient réside dans l'impossibilité de mettre en place une promesse de cession de titres croisée entre le cédant et le repreneur, seule susceptible de rassurer l'un et l'autre sur le débouclage de l'opération.

Pour le repreneur

Le repreneur a l'obligation de louer à titre personnel les titres de la société, les loyers payés étant toutefois déductibles des dividendes perçus en cas de distribution. En revanche, en l'absence de dividendes, ce déficit n'est pas imputable sur le revenu global, mais uniquement sur les revenus mobiliers des six années suivantes.

Le loueur peut ne pas vouloir s'engager sur une promesse de vente et ne plus vouloir céder au terme du contrat de location, malgré des engagements oraux initiaux. Le risque sera alors d'avoir redressé ou développé une entreprise sans pouvoir en tirer les fruits à l'issue.

Les titres doivent être évalués en début et en fin de contrat ainsi que chaque année, et l'évaluation doit être certifiée par un commissaire aux comptes.

Enfin, la sous-location ou le prêt de titres loués sont interdits.

Le loueur court le risque que le locataire fasse de mauvaises opérations et déprécie la valeur de la société, voire la conduise au dépôt de bilan. Durant la période de location et tant que les loyers lui sont payés, il n'a aucun pouvoir de gestion dans l'entreprise, ni droit à l'information de la part du locataire.

Il ne peut se prémunir contre ce risque qu'en demandant au loueur une garantie d'actif et de passif et en fixant une période de location courte, éventuellement renouvelable.

Au terme de la période de location, le locataire peut ne pas vouloir ou ne pas pouvoir acheter la société. Il pourra malgré tout concurrencer directement l'entreprise en lui portant préjudice, en tant que salarié ou créateur d'une entreprise concurrente. Une clause de non-concurrence et non-débauchage du personnel de l'entreprise est donc à prévoir en annexe du contrat de location de titres.

Le choix de la forme juridique à adopter

Le choix du mode de reprise nécessite de définir la forme juridique qui sera la mieux adaptée aux besoins du repreneur.

Dans le cas d'une reprise à titre personnel

La constitution d'une Entreprise Individuelle à Responsabilité Limitée (EIRL) est à privilégier.

Elle permet aux exploitants individuels qui adoptent le régime de l'EIRL de mettre leur patrimoine personnel à l'abri de leurs créanciers professionnels. Une simple déclaration permet d'affecter les biens à l'activité professionnelle qui constitueront la garantie des créanciers.

Cette entreprise individuelle peut être, au choix, soumise à l'IR ou à l'IS.

Dans le cas d'une reprise par le biais d'une société

Que ce soit pour reprendre un fonds de commerce ou des titres de sociétés, les deux formes juridiques de société les plus utilisées sont la SARL (ou EURL s'il n'y a qu'un associé unique) et la SAS. Le choix entre ces deux formes juridiques va dépendre :

⊃ Des souhaits du repreneur concernant son statut social. Seule une position de gérant majoritaire de SARL permet au repreneur de bénéficier du statut TNS. À l'inverse, une SAS implique nécessairement pour le repreneur un statut de salarié.

⊃ Du contexte de l'opération.

Une reprise réalisée en association avec des investisseurs financiers peut impliquer la création de valeurs mobilières particulières (obligations convertibles, obligations à bons de souscription d'actions, actions de préférence, etc.) qui ne sont possibles que dans les Sociétés Anonymes (SA et SAS). Les SARL n'y ont pas accès.

L'autre avantage de la SAS dans ce contexte réside dans la très grande liberté laissée aux actionnaires pour définir dans les statuts les conditions dans lesquelles la société sera dirigée. Le président est le seul organe imposé. Les actionnaires peuvent donc définir contractuellement la nature et le mode de fonctionnement des organes de direction, les modes de consultation et les règles de majorité au sein des conseils, comités ou assemblées d'actionnaires. Le repreneur, qu'il soit majoritaire ou minoritaire, peut alors disposer dans ce type de société d'une très grande marge de manœuvre pour diriger sa société en limitant les risques de se voir privé du pouvoir d'administrer l'entreprise.

⊃ De la volonté de limiter les coûts de l'opération et de fonctionnement.

Les coûts de constitution d'une SAS sont légèrement supérieurs à ceux d'une SARL. Par ailleurs, en cas de reprise de titres de société, une société holding sous forme de SAS implique la nomination d'un commissaire aux comptes, dont le coût augmente les charges de fonctionnement annuelles.

En cas de reprise par une société (croissance externe)

La question se pose dans ce cas de savoir comment reprendre la cible sur le plan juridique, tout en limitant les risques de défaillance des deux sociétés, en cas de difficulté de l'une d'entre elles ultérieurement.

Si la cible est une entreprise individuelle ou la branche d'activité d'une société

Plusieurs alternatives s'offrent au repreneur. Elles sont détaillées ci-après.

Reprendre directement les actifs *via* sa société existante

L'ensemble des deux activités est regroupé, dans ce cas, dans une seule société après acquisition de la cible.

Société A
+ actifs repris

Avantage

La possibilité de s'appuyer sur les ressources et la capacité d'endettement de la société existante pour financer l'acquisition du fonds de commerce.

Inconvénients

Le risque de « gangrener » l'activité existante par la confusion des patrimoines et des méthodes de travail.

La difficulté d'apprécier la rentabilité et la performance du fonds de commerce acquis, même si l'on peut mettre en place des tableaux de bord ou un semblant de comptabilité analytique.

Créer une société distincte qui rachète le fonds de commerce

Société A	Société B

Avantages

La mise en « quarantaine » de l'activité reprise, notamment dans le cas de reprise d'une entreprise en difficulté, permet de valider son bon fonctionnement et de suivre ses principaux chiffres caractéristiques de manière certaine. En cas de difficultés futures, le dépôt de bilan de B ne pourra pas porter préjudice financier à la société A, si aucun lien économique n'existe entre les deux sociétés.

L'existence des deux sociétés permet plus facilement de conserver deux marques distinctes et de répondre, en cas de besoin, à des appels d'offres de manière concurrente.

Inconvénients

Le coût de constitution et de gestion d'une seconde société ; la nécessité de réaliser un apport en capital dans la nouvelle structure à titre personnel pour financer, au moins partiellement, le fonds de commerce visé.

La nécessité de refacturer un minimum de frais de la société A à la société B, si la comptabilité et la direction sont logées uniquement dans la première société.

Constituer un holding qui rachète l'entreprise cible par le biais d'une société filiale

La première étape consiste à créer la société holding par apport des titres de la société A. Cette opération est réalisée en report d'imposition jusqu'à la cession des titres du holding par les associés.

Le fonds de commerce dans une seconde étape est acquis par une filiale B créée pour ce faire par la société holding.

Avantages

Outre les avantages évoqués au point précédent, les liquidités nécessaires à la création de la société B pourront être distribuées ou prêtées sans prélèvement fiscal. En effet, compte tenu des liens juridiques existant entre les différentes sociétés du groupe, la trésorerie du groupe peut circuler d'une société à l'autre sans fiscalité sous réserve de mise en place d'un certain nombre de conventions (intégration fiscale, gestion de trésorerie et prestation de services) entre les sociétés.

Inconvénients

Le coût de constitution et de gestion de deux sociétés complémentaires.

La lourdeur administrative liée à la gestion d'un groupe de sociétés.

Si la cible est une société

Dans ce cas, le repreneur peut :

Acquérir la société cible par le biais de sa société actuelle

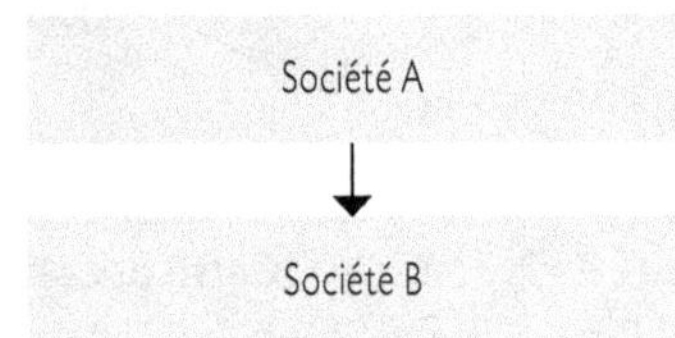

Avantages

La simplicité du montage : la société A s'endette directement pour financer l'acquisition de la société B.

Pas de nécessité de distribution de dividende aux actionnaires.

Inconvénients

Si la société B rencontre des difficultés, elle peut entraîner la société A dans sa perte en cas de liens économiques entre les deux sociétés ou de soutien financier excessif de la société A.

De même, la mise en redressement judiciaire de la société A entraînera obligatoirement celle de la société B ; celle-ci étant l'un des actifs de la société A, elle pourra être cédée par décision du tribunal pour contribuer au règlement du passif de la société A.

La vente à moyen terme de la société A emportera de fait la cession de la société B.

Acquérir les titres de la société cible à titre personnel

Société A	Société B

Avantages

La dissociation des risques entre les deux sociétés.

La capacité de céder l'une en conservant l'autre.

Inconvénients

La responsabilité à titre personnel des dettes souscrites pour l'acquisition de la société cible.

La nécessité de refacturer un minimum de frais de la société A à la société B, si la comptabilité et la direction sont logées uniquement dans la première société.

Constituer un holding sans lien avec la société A, qui achète la société B

Avantages

La dissociation des risques entre les deux sociétés. La capacité de céder l'une en conservant l'autre.

La déduction totale des frais financiers de l'emprunt de reprise sous réserve de la mise en place d'une convention d'intégration fiscale.

L'absence de responsabilité à titre personnel sur l'emprunt de reprise sous réserve d'absence de caution personnelle sur la dette.

La création d'une société complémentaire qui engendre des frais de constitution et de gestion supplémentaires et la lourdeur administrative qui en découle.

La nécessité de réaliser un apport dans la société holding pour créer une capacité d'emprunt. Cet apport, si le repreneur n'a pas de liquidités à titre personnel, nécessitera une distribution de dividendes exceptionnelle de la société A qui supportera une fiscalité liée à la situation fiscale des actionnaires.

Constituer un holding par apport de titres de la société A qui achète la société B

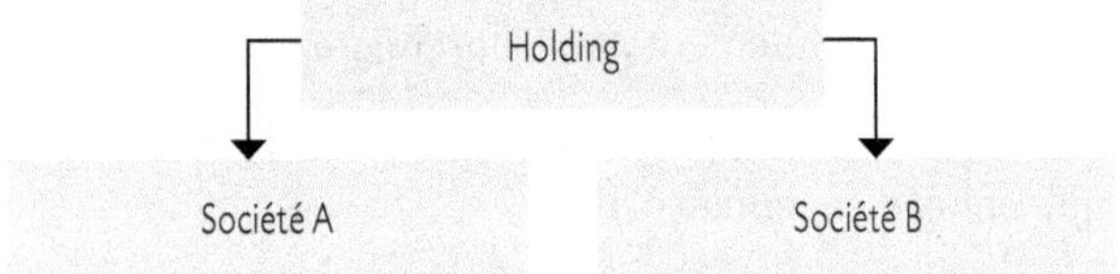

La première étape consiste à créer la société holding par apport des titres de la société A. Cette opération est réalisée en report d'imposition jusqu'à la cession des titres du holding par les associés. La société B est ensuite acquise par la société holding.

Avantages

Outre les avantages évoqués précédemment, les liquidités nécessaires à la création de la société B pourront être distribuées ou prêtées sans prélèvement fiscal. En effet, compte tenu des liens juridiques existant entre les différentes sociétés du groupe, la trésorerie du groupe peut circuler d'une société à l'autre sans fiscalité, sous réserve de la mise en place des conventions d'intégration fiscale et de trésorerie.

Inconvénients

Le coût de constitution et de gestion d'une société complémentaire et la lourdeur administrative liée à la gestion d'un groupe de sociétés.

Quel mode de remboursement choisir?

Le choix du mode de remboursement a une incidence directe sur le revenu disponible du repreneur (choix entre prélèvement de salaire ou distribution de dividendes par exemple). Ce chapitre présente donc les différents choix pour le repreneur selon le mode de reprise retenu.

La reprise à titre personnel

D'un fonds de commerce

Dans cette hypothèse, le repreneur ne peut effectuer aucun choix quant au mode de remboursement. Il s'impose à lui, compte tenu de l'exercice de l'activité sous le régime des BIC. Il y a confusion des patrimoines professionnel et personnel. Le remboursement de l'emprunt s'effectue par prélèvement direct sur la trésorerie de l'entreprise.

De titres de société

Deux cas de figure se présentent :

La société bénéficie du régime des BIC

Là, les frais financiers de l'emprunt sont déductibles et le dirigeant se trouve sur le plan du mode de remboursement dans la même situation que dans l'hypothèse précédente.

La société est placée sous le régime de l'IS

Cette fois-ci, les frais financiers de l'emprunt souscrit à titre personnel ne sont pas déductibles, ce qui pénalise bien évidemment la capacité de remboursement du crédit.

Sur le plan du prélèvement des sommes nécessaires au remboursement du crédit, le repreneur a le choix entre deux options développées ci-après.

La distribution de dividendes

Cette formule est à privilégier pour les repreneurs dont la tranche d'impôt sur le revenu est supérieure à 20 %.

Le prélèvement de rémunérations complémentaires

En tant que gérant majoritaire, ce système est avantageux dans tous les cas.

En tant que gérant minoritaire ou président de SA (statut salarié), c'est la plus mauvaise formule.

La reprise *via* une société holding

Les solutions envisageables et leurs limites

La distribution de dividendes

C'est le schéma classique par excellence. L'actionnaire peut, tout à fait légalement, choisir de distribuer des dividendes.

Avantages

Le principal avantage est la neutralité fiscale dans le cadre des régimes mère-fille et intégration fiscale.

Inconvénients

Le principal inconvénient réside dans le caractère incertain d'une distribution de dividendes. En effet, pour qu'il y ait distribution de dividendes, il faut soit un résultat positif sur l'exercice, soit des réserves distribuables et une trésorerie suffisante permettant une distribution exceptionnelle.

Les résultats de l'année, pour leur part, ne sont distribuables qu'après approbation préalable des comptes par les associés en assemblée générale ordinaire (AGO) et constatation de l'existence de sommes distribuables.

Les acomptes sur dividendes avant l'approbation des comptes sont possibles, mais ils impliquent la réalisation d'une situation en cours d'année, certifiée par un commissaire aux comptes, mettant en évidence un résultat distribuable.

En cas de distribution de dividendes fictifs, réalisée sciemment par les actionnaires (dans le but de faire face au remboursement des crédits d'un holding par exemple), l'infraction de distribution de dividendes fictifs est constituée. La sanction pénale peut être très lourde à l'encontre des dirigeants des sociétés concernées (de un à cinq ans de prison et jusqu'à 375 000 euros d'amende).

La facturation de prestations de services et/ou de redevances

En logeant un certain nombre d'activités et de personnels dans la société holding (services administratifs, directeur commercial, dirigeant lui-même) et/ou d'actifs incorporels (brevets, marques, procédés de fabrication), les actionnaires de la société mère peuvent facturer des prestations et des redevances à la société d'exploitation.

Le but recherché est de remonter selon un rythme régulier (en règle générale mensuel) une trésorerie suffisante, permettant de couvrir les charges d'exploitation et l'échéance des crédits du holding, tout en défiscalisant par là même les frais financiers du holding. Ce type de montage est pratiqué notamment lorsque l'intégration fiscale n'est pas possible. Pour ce faire, les frais de gestion et les redevances facturés doivent comprendre une marge suffisante pour couvrir les charges de crédit.

Avantages

Le lissage de la remontée de trésorerie en provenance de la filiale évite les inconnues liées aux distributions de dividendes annuelles, fondées sur le résultat.

Même en cas de pertes sur la société d'exploitation, les remontées de trésorerie sont toujours possibles à concurrence de la trésorerie disponible ou des autorisations de crédit court terme, permettant ainsi la poursuite du remboursement des crédits du holding.

L'imputation possible des frais financiers et des amortissements des droits d'enregistrement accorde une défiscalisation des frais engagés. Le résultat obtenu en termes de revenus disponibles est identique à une reprise *via* un holding bénéficiant de l'intégration fiscale.

La limitation des frais financiers, du fait du remboursement des crédits du holding selon un échéancier mensuel, est encore un autre avantage.

Inconvénients et limites du système

Pour ne pas être qualifiés d'abus de droit et d'acte anormal de gestion, les frais de gestion facturés doivent comprendre une marge raisonnable et justifiable.

En cas de dépassement, l'administration fiscale peut redresser l'opération pour acte anormal de gestion et abus de droit, en infligeant des pénalités pouvant aller jusqu'à 80 % des opérations visées.

Le développement d'activités nouvelles par la société holding

En s'appuyant sur les collaborateurs qui sont payés par la société holding, le repreneur peut développer des nouveaux produits et services qui seront commercialisés directement par le holding.

L'extension de la société s'opère ainsi à deux niveaux, celui de la filiale pour les produits existants et celui du holding pour tous les nouveaux produits.

Les recettes encaissées directement par le holding constitueront des produits imposables sur lesquels les intérêts d'emprunt du holding pourront être imputés, ainsi qu'un fonds de trésorerie permettant de couvrir, pour une part, le remboursement des emprunts.

Cette solution, couplée avec la facturation de redevances, offre au repreneur de ne pas dépasser les normes tolérées par l'administration fiscale, tout en bénéficiant rapidement d'un revenu suffisant pour faire face à ses crédits dans les meilleures conditions fiscales.

La mise en location-gérance du fonds de commerce

Afin de favoriser la remontée de résultat et de trésorerie sur le holding, une des solutions consiste à donner le fonds de commerce de la société cible en location-gérance à la société holding.

En contrepartie du versement d'une location représentant 7 à 8 % de la valeur du fonds de commerce, la société holding devient la société d'exploitation et encaisse à ce titre tous les flux de trésorerie liés à l'activité commerciale.

Pour globaliser la trésorerie au niveau du groupe et profiter des redevances de location-gérance versées à la filiale, une convention de trésorerie entre les deux sociétés est généralement signée. Cela autorise la remontée de trésorerie en provenance de la filiale, par le biais de comptes courants inter-sociétés.

Avantages

Ce montage permet d'intégrer complètement la gestion, la fiscalité et la trésorerie du groupe.

Il revient ni plus ni moins à mettre en place l'intégration fiscale sur le groupe de sociétés.

Les revenus disponibles dégagés pour le repreneur, quel que soit le mode de rémunération choisi, sont identiques à la formule de reprise *via* un holding profitant de l'intégration fiscale.

Les remboursements du crédit de reprise sont facilités par l'exercice de l'activité commerciale sur le holding et l'instauration d'une gestion de trésorerie centralisée. Ce système remplace avantageusement la facturation de frais de gestion ou de redevances, telle que vue précédemment.

Limites du montage

Il est nécessaire de détenir 100 % des titres de la filiale, sinon les actionnaires minoritaires risquent fort de se trouver lésés et de plaider l'abus de majorité et l'abus de biens sociaux.

La fusion du holding et de la société d'exploitation

Pour répondre aux problèmes de remontée de trésorerie et d'imputation des frais financiers du holding, une autre solution consiste à fusionner les deux sociétés.

Avantages

L'affectation de la totalité de la capacité d'autofinancement de la cible au remboursement de la dette (et non pas simplement le résultat net par le biais des dividendes).

L'imputation directe des frais financiers de l'ancien holding sur les résultats d'exploitation de la cible.

La suppression du décalage de plusieurs mois entre la réalisation du résultat et sa distribution.

Toutes choses étant égales par ailleurs, la fusion permet au repreneur d'assumer un niveau d'endettement plus élevé avec plus de sécurité.

Limites du montage

Le risque est tout d'abord fiscal. Il convient d'éviter une fusion trop rapide, si l'on souhaite échapper à une requalification de la part de l'administration fiscale, qui peut s'appuyer sur la notion d'acte anormal de gestion.

L'administration, estimant dans ce cas que la fusion est davantage guidée par l'intérêt des actionnaires majoritaires que par l'intérêt des sociétés elles-mêmes, est en droit de réintégrer les charges financières initialement déduites par la société holding, voire même de requalifier cette fusion en distribution d'actifs, en lui appliquant la fiscalité correspondante. En l'état actuel de la jurisprudence fiscale, une fusion réalisée après la quatrième année ne paraît pas poser de problème sur le plan de l'abus de droit, si les deux sociétés mère et filiale sont *in bonis*.

Le risque juridique de voir annuler la fusion est ensuite à prendre en compte. Plusieurs motifs peuvent être évoqués par les minoritaires ou les tiers :

➲ L'abus de majorité, si les minoritaires s'opposent à la fusion et s'ils peuvent prouver que la fusion est contraire à l'intérêt général de la société et qu'elle a pour but essentiel d'avantager les majoritaires directement ou indirectement.

➲ L'abus de biens sociaux, dans la mesure où la fusion s'opérerait entre un holding manifestement surendetté et une société d'exploitation bien portante. Les minoritaires pourraient voir d'un mauvais œil une telle fusion, risquant de mettre en péril leurs participations.

Par ailleurs, les prêteurs et les fournisseurs de la société d'exploitation, jugeant la société plus fragile après fusion, peuvent imposer un remboursement ou une réduction de leurs créances, et/ou demander des garanties complémentaires.

▶ *Une grille d'analyse fournie en annexe 4 p. 187 vous permet de faire l'analyse des chances de succès et des risques propres de votre projet de reprise.*

Chapitre 3

Le montage financier

La détermination du besoin financier global

L'acquisition des actifs ou des titres

À titre de prudence et afin d'éviter les allers et retours avec les banques, il est recommandé de prendre dans le dossier financier la valeur de transaction potentiellement la plus élevée.

Le remboursement éventuel des comptes courants des cédants

Les modalités de remboursement des comptes courants des cédants sont l'un des points importants de la négociation menée par l'acquéreur. En fonction de la trésorerie disponible dans l'entreprise, les cédants peuvent ou non récupérer leurs comptes courants préalablement à la transmission. Si tel n'est pas le cas, le repreneur doit intégrer dans son plan de financement le paiement de ces comptes courants.

Le renforcement éventuel du fonds de roulement

Si la trésorerie de la cible est un peu juste, le repreneur a intérêt de prévoir dans son plan de financement un crédit de renforcement du fonds de roulement.

L'appréciation du besoin de trésorerie doit s'effectuer en prenant en compte le caractère cyclique de l'exploitation, en intégrant le remboursement éventuel des comptes courants des cédants ainsi que les distributions de dividendes préalables et consécutives à la reprise.

La prise en compte des droits d'enregistrement et des frais divers

Les droits d'enregistrement

Selon la nature du bien acquis, le mode de calcul de ces droits diffère :

⊃ Acquisition d'un fonds de commerce : 3 % sur la fraction du prix comprise entre 23 k€ et 200 k€, 5 % sur celle excédant 200 k€.

⊃ Acquisition de parts sociales (EURL, SARL) : 3 % du prix d'acquisition après un abattement de 23 k€ pris en compte au prorata du capital acquis.

⊃ Acquisition d'actions (SA, SAS) : 3 % jusqu'à 200 k€, puis 0,5 % au-delà.

Les autres frais d'acquisition

Lorsque le repreneur fait appel à un cabinet de transmission, une commission proportionnelle au montant de la transaction doit être réglée. Les tarifs régulièrement pratiqués sont les suivants :

⊃ 25 k€ de commission fixe HT jusqu'à 250 k€ de transaction ;

⊃ 6,5 % de 250 à 750 k€ ;

⊃ 5 % de 750 à 1 500 k€ ;

⊃ 4 % de 1 500 à 2 500 k€ ;

⊃ 3 % au-delà.

Les frais d'audit, de conseils juridiques et financiers et de prise de garantie par les banques sont également à prendre en compte. En matière de reprise de PME, ils peuvent représenter des sommes importantes de l'ordre de 5 % du prix d'acquisition.

Le financement de la reprise

Les apports des actionnaires

Les apports du repreneur et de son environnement proche

Les apports personnels du repreneur constituent le socle fondateur du projet. Ils montrent sa détermination et son implication. Ils démontrent la capacité d'épargne qui a été la sienne au cours des dernières années, en d'autres termes sa capacité à gérer et à prévoir.

Si son apport est modeste en regard du projet de reprise, le repreneur peut chercher à convaincre son environnement proche, en vue de compléter son apport. Il pourra, s'agir selon les cas, de prêts familiaux, d'ouverture du capital à des amis ou à des relations professionnelles.

La participation au capital du cédant

En proposant au cédant de l'associer au capital du holding de reprise, le repreneur joue gagnant sur plusieurs tableaux :

⊃ il complète les fonds propres de sa société en s'assurant une reprise totale, permettant le bénéfice de l'intégration fiscale ;

⊃ il se met en meilleure position pour négocier un prix plus bas, le cédant réalisant une vente à double détente ;

⊃ l'association au capital du cédant doit l'amener à davantage jouer le jeu durant la période de transmission de l'entreprise.

La participation au capital d'une partie des salariés de la cible

Avantages

Une telle éventualité permet de renforcer les fonds propres du holding et de fidéliser les hommes clés de la société en leur imposant, en contrepartie de leur entrée au capital, des clauses de non-concurrence.

Les actionnaires consentiront plus facilement des efforts financiers en cas de difficultés futures.

Enfin, le repreneur se sentira moins seul et sera vraisemblablement davantage secondé durant la phase de reprise.

Inconvénients

Le repreneur devra partager le pouvoir et les plus-values futures en cas de succès. Une association aussi rapide avec des personnes que l'on ne connaît pas peut être dangereuse et mal se terminer, des points de blocage pouvant survenir dans la gestion de la société.

La participation au capital des fournisseurs et des clients

Outre le renforcement des fonds propres, une telle participation permet de créer des liens économiques forts avec l'environnement :

⊃ en amont, l'entrée d'un fournisseur au capital peut déboucher sur des tarifs et des conditions préférentielles en termes de règlement, d'exclusivité territoriale, de diffusion de produits en avant-première ;

⊃ en aval, l'entrée d'un ou plusieurs clients au capital peut se traduire par un minimum de chiffre d'affaires assuré, une meilleure remontée d'information sur les attentes de la clientèle et une plus grande transparence sur la perception des produits diffusés ou du service apporté.

La participation au capital de sociétés de capital-risque et de « *business angels* »

L'émergence récente de nouveaux fonds régionaux de participation et le développement rapide du concept d'investisseur privé, «*business angel*», offrent de réelles opportunités pour les repreneurs qui souhaitent renforcer leur capacité d'intervention.

Avantages

Une crédibilité renforcée du repreneur et de son projet, du fait du professionnalisme reconnu de ces intervenants.

La possibilité de reprendre une entreprise plus importante du fait de moyens financiers renforcés et plus adaptés.

En cas de besoin de renforcement ultérieur de la structure financière, ces sociétés disposent des moyens financiers permettant un apport complémentaire rapide et significatif.

Le repreneur bénéficie du réseau et de l'appui des investisseurs pour boucler son plan de financement et développer l'entreprise ultérieurement.

Inconvénients

La transmission d'informations régulières, sous forme d'un reporting trimestriel en règle générale.

La nécessité de prévoir une sortie à l'horizon cinq/sept ans.

Enfin, les pactes d'actionnaires prévoient souvent un minimum de performance à obtenir par le repreneur. En cas de non-atteinte de résultats, l'augmentation de la part des financiers dans le capital est programmée par le rachat de la participation du dirigeant ou une augmentation de capital à des conditions préférentielles. Le repreneur risque à cette occasion de se voir mis en minorité et déchu de son poste de gérant ou président.

☞ **Association française des investisseurs en capital**
AFIC : 23 rue de l'Arcade, 75008 Paris, tél. 01 47 20 99 09, www.afic.asso.fr

Selon les intervenants, les investissements sont compris entre 150 000 euros et plusieurs millions d'euros.

Les principaux avantages des investisseurs privés (« *business angels* ») par rapport aux sociétés de capital-risque sont la rapidité de décision et la proximité de culture (ce sont en règle générale des chefs d'entreprise ou d'anciens entrepreneurs qui décident d'investir une partie de leur patrimoine dans des sociétés privées).

☞ **Fédération et associations d'investisseurs privés**
Association Love Money pour l'emploi, 10 rue Montyon, 75009 Paris, tél. 01 48 00 03 35, www.love-money.org

☞ Association française des investisseurs en capital
Association Leonardo, 144 boulevard Haussmann,
75009 Paris, tél. 01 53 53 73 46, www.leonardo.asso.fr

Proxicap, 21 bis avenue de Ségur, 75007 Paris,
tél. 01 42 19 99 11, www.proxicap.com

Les investissements sont généralement plus faibles et se situent dans une fourchette comprise entre 15 000 € et 150 000 €.

Dans le même ordre d'idées et pour les petits projets de création ou de reprise d'entreprise, le repreneur pourra utilement se rapprocher des Cigales. Ces associations sont ni plus ni moins des clubs d'investissement qui rassemblent l'épargne de proximité, pour l'investir, à raison de 2 300 à 4 600 € par projet, dans l'économie locale.

☞ Clubs d'investisseurs pour une gestion alternative et locale de l'épargne solidaire
Fédération des Cigales, 61 rue Victor-Hugo, 93500 Pantin,
tél. 01 49 91 90 91, www.cigales.asso.fr

L'utilisation des ressources de la cible

Dans le cas d'une reprise d'actifs

Le repreneur peut donner en garantie l'ensemble des biens acquis et réaliser certains d'entre eux, sans aucune contrainte juridique.

En revanche, qu'il s'agisse de reprise d'actifs isolés ou de rachat intégral de fonds de commerce, la trésorerie de l'entreprise cible est conservée par le cédant au même titre que l'endettement court ou moyen terme.

Le repreneur ne peut donc procéder à aucune distribution de dividendes pour financer partiellement le rachat des actifs.

Dans le cas d'une reprise de titres

S'agissant de la reprise d'une personne morale, le repreneur n'a pas le droit de s'appuyer sur les actifs de la cible pour financer sa reprise (article L. 225– 216 du nouveau Code de commerce). Cet article de loi interdit notamment de donner en garantie les biens de la cible ou de procéder à des prélèvements de trésorerie sous forme de comptes courants débiteurs, pour financer son rachat.

En revanche, la distribution de dividendes ou la cession d'actifs post-acquisition sont possibles. Ces opérations n'étant réalisables qu'après le rachat des titres, le repreneur devra négocier un délai de règlement avec le vendeur ou un crédit relais auprès d'un établissement financier.

Les ressources extérieures complémentaires

Les quasi-fonds propres : passerelle entre actions et obligations

Intérêts

On qualifie de « quasi-fonds propres » les dettes financières susceptibles d'être transformées en actions. Elles sont généralement remboursables *in fine* et portent le nom de « dettes mezzanines ».

La dette mezzanine n'étant amortie qu'après le remboursement total de la dette bancaire classique, elle apporte une capacité d'endettement complémentaire et une plus grande souplesse au montage financier.

Sur le plan pratique, en cas de non-transformation de la dette mezzanine en capital, deux solutions sont possibles :
⊃ soit le concours s'amortit normalement, comme un crédit classique sur deux à trois ou quatre ans ;
⊃ soit il est intégralement remboursé en une fois, si la trésorerie de l'entreprise le permet.

Dangers

En cas de conversion de la dette en capital par les financiers, le repreneur se trouve dilué. Sa participation au capital étant réduite par l'augmentation de capital réservée aux financiers, il perd une partie de la plus-value latente sur la revente des titres.

Il peut, dans certains cas, se trouver en position minoritaire après l'augmentation de capital. Le risque ultime, dans ce cas, est d'être démis de ses fonctions de gérant de la société et évincé de celle-ci.

En cas de non-transformation de la dette en capital, le paiement d'une prime de non-conversion est généralement prévu au contrat (5 % à 6 %) en guise de complément de rémunération et d'indemnité pour le prêteur.

C'est aujourd'hui le support principalement utilisé par les investisseurs en capital-risque en accompagnement de leur prise de participation au capital.

L'obligation convertible

L'obligation convertible donne droit à son souscripteur à un revenu minimal annuel, dont le taux est généralement inférieur à celui d'une dette bancaire classique.

En complément de ce revenu minimal garanti, le porteur de l'obligation a la faculté de transformer sa créance en action à un cours prédéterminé qui lui permet ainsi, en cas de réussite du projet, de réaliser une plus-value sans risque.

Si la situation financière de l'entreprise n'évolue pas favorablement, le porteur de l'obligation peut la conserver jusqu'à son terme, en continuant de percevoir ses intérêts annuellement, ainsi qu'une prime de non-conversion à l'échéance.

L'avantage pour la société est triple en cas de conversion :
➲ bénéfice d'un taux d'intérêt faible ;
➲ aucun amortissement du capital pendant la durée de vie de l'obligation ;
➲ suppression de la dette et augmentation des fonds propres lors de la conversion.

Les crédits bancaires moyen et long terme

Ils représentent généralement la source de financement la plus importante. Ils constituent donc un des points sensibles du dossier de reprise, puisqu'il convient à la fois de séduire les financiers pour boucler le plan de financement et de négocier les meilleures conditions possibles.

Principaux types de crédits existants adaptés au financement de la reprise

Le crédit bancaire à taux fixe

Mode de fonctionnement

C'est un crédit dont les échéances sont toutes de même montant. La banque peut ainsi dresser dès l'origine le tableau des futurs remboursements, en décomposant pour chaque échéance les parties capital et intérêts.

Avantages

La visibilité sur la charge de remboursement future et le plafonnement du taux d'intérêt à la hausse.

Inconvénients

L'impossibilité de profiter de la baisse des taux et l'existence de pénalités en cas de remboursement anticipé, compte tenu du refinancement bloqué par la banque pour garantir le taux fixe sur la durée du crédit.

Le contrat de développement transmission de Oséo Financement

Oséo Financement commercialise un contrat de développement spécifique à la transmission d'entreprise.

Ce prêt vient en complément des financements bancaires pour un montant compris entre 40 et 400 k€. Son montant ne peut excéder 40 % des financements bancaires mis en place. Le remboursement est trimestriel.

Avantages

Ce contrat autorise la possibilité de différer le remboursement de la dette de deux ans en capital lorsque le prêt est consenti pour une durée de sept ans.

Ce contrat est accordé sans garantie ni caution personnelle.

Inconvénients

La limitation de la durée globale à sept ans maximum, même si l'on choisit le différé sur deux ans. Dans ce cas, l'opération revient à rembourser la dette sur cinq ans. De plus, ce contrat ne prévoit pas de différé d'amortissement de trois à quatre mois la première année, nécessaire pour procéder à la clôture des comptes et à la distribution des dividendes.

Effets de levier et ratios communément admis

Relatifs à la capacité d'endettement

⊃ Le ratio endettement à terme/fonds propres = 1 normalement, 2 à 3 maximum dans les opérations de reprise par des personnes extérieures à l'entreprise.

Ce ratio mesure l'autonomie financière de l'entreprise et la répartition du risque entre prêteur et emprunteur.

⊃ Le ratio endettement à terme cumulé (cible + holding)/capacité d'autofinancement < ou = 4.

Ce ratio détermine le nombre d'années de cash-flow nécessaires au remboursement théorique de l'ensemble des crédits moyen et long terme de l'entreprise.

Relatifs à la capacité de remboursement

Il s'agit là, en fait, des seuls vrais butoirs auxquels le repreneur comme les prêteurs sont astreints sur le plan économique, en dehors de la simple orthodoxie financière.

⊃ Le ratio échéance du holding/résultat net de la cible < 70 % dans l'industrie et le transport et < 80 % dans le négoce.

Ce ratio détermine le taux de distribution de dividendes nécessaire pour faire face au remboursement des dettes (capital + intérêts) du holding. Au-delà du seuil indiqué, les financiers estiment que l'entreprise n'aura plus les moyens de se constituer une réserve de fonds propres suffisante pour accompagner sa croissance, rembourser de futurs crédits mis en place sur la société d'exploitation ou faire face à un retournement de conjoncture.

⊃ Le ratio frais financiers annuels cumulés/excédent brut d'exploitation de la cible < 40 %.

Ce ratio met en évidence la part des frais financiers cumulés par rapport à l'excédent brut d'exploitation de la cible. Au-delà de 40 % de prélèvement, le poids de la dette est considéré comme trop conséquent, l'entreprise travaillant près d'un jour sur deux pour couvrir ses frais financiers.

Options et points divers à négocier

Le différé d'amortissement

C'est une option quasi indispensable dans le cas d'un montage prévoyant des distributions de dividendes pour rembourser la dette du holding. Le différé nécessaire est généralement de quatre mois le premier exercice, afin de permettre la clôture du bilan et son approbation par l'assemblée générale.

La périodicité des remboursements

En cas de remboursement *via* le produit de dividendes, la périodicité des échéances ne pourra être qu'annuelle. En revanche, dans le cas d'un rachat de fonds de commerce *via* une nouvelle société, un remboursement mensuel ou trimestriel de l'emprunt est possible. L'intérêt de l'emprunteur est de lisser les remboursements pour diminuer les risques d'impayés et les frais financiers.

La durée du crédit

Plus la durée du crédit est longue et moins les échéances de remboursement sont importantes, donnant ainsi plus de souplesse au montage financier. La durée généralement pratiquée pour une reprise d'entreprise est de sept ans. Néanmoins, il arrive que des crédits soient mis en place sur huit ans, voire dix ou douze, pour certaines opérations (pharmacies et tabacs-loto-presse notamment).

Certes, une durée de crédit longue génère des frais financiers importants, mais rien n'empêche un remboursement accéléré à certaines périodes, voire un remboursement total du capital restant dû, passé quelques années, sans pénalités.

Le taux d'intérêt

Il constitue bien souvent le point de négociation sur lequel l'emprunteur se focalise. Sans renier le fait qu'il soit important, il reste mineur par rapport aux différents aspects évoqués précédemment. La comparaison des taux est souvent difficile, les modalités de remboursement et d'utilisation n'étant pas toujours les mêmes. La solution consiste à raisonner en taux actuariel, en intégrant tous les frais de l'opération et les flux de remboursements programmés.

Les frais divers

Il s'agit principalement des frais de dossiers et de prise de garanties. Ces frais sont négociables et influent sur le coût final du crédit. La vigilance est donc de mise, tout en conservant à l'esprit les priorités à négocier (souplesse, durée du crédit et garantie personnelle limitée).

La suppression ou la négociation de covenants larges

S'inspirant des usages anglo-saxons, il est de plus en plus fréquent que l'octroi et le maintien des prêts à moyen et long terme soient associés au respect d'un certain nombre de ratios, intitulés « covenants ». Parmi les ratios les plus fréquemment utilisés, on trouve :

⊃ fonds de roulement > 0 ;

⊃ frais financiers/excédent brut d'exploitation $< 40\,\%$;

⊃ dettes long et moyen terme/capacité d'autofinancement < 4 ;

⊃ dettes long et moyen terme/fonds propres < 1.

La généralisation de cette pratique constitue un risque important pour l'emprunteur, puisque le non-respect de ces ratios peut permettre à une banque de dénoncer ses concours en les rendant immédiatement exigibles. S'il n'est pas toujours possible de supprimer ces covenants, il est, en revanche, naturel de faire préciser leur mode de calcul et de négocier les plafonds de chacun d'entre eux, voire même d'en supprimer certains.

Dangers et écueils à éviter

Des garanties personnelles trop élevées

Les banques apprécient les cautions personnelles. Elles justifient cette position par la faiblesse des garanties possibles en matière de reprise d'entreprise, notamment lors de rachat de titres de société.

Des solutions existent permettant de limiter l'engagement personnel du repreneur. Elles passent par une diminution du risque pris par les banques :

⊃ renforcement des fonds propres par l'ouverture du capital à des tiers ;

⊃ reprise du fonds de commerce au lieu des titres, afin d'offrir une garantie réelle ;

⊃ partage du risque entre plusieurs banques, afin de limiter le risque de chacune ;

⊃ couverture du risque par une société de contre-garantie extérieure (Oséo par exemple).

Des clauses d'exigibilité excessives

Le chapitre concernant les conditions d'exigibilité anticipée dans les contrats de prêt est éminemment important, puisqu'il touche à la survie même de l'entreprise, en situation délicate.

Il va de soi qu'une entreprise en difficulté ne peut pas faire face au remboursement anticipé de ses crédits moyen terme et se trouve, de fait, en cessation de paiements.

Chacune des clauses d'exigibilité doit donc être regardée avec circonspection et supprimée en cas de besoin, si elle s'avère trop excessive (exemples : possibilité d'exigibilité anticipée en cas de mise en place de nouveaux concours, de nantissement du fonds de commerce, de cession de certains actifs, d'inscription de privilèges par le Trésor public, etc.).

Arguments à développer et contenu du dossier financier

Les facteurs clés de succès en matière d'entreprise sont essentiellement humains et stratégiques.

Les chiffres du passé sont certes intéressants, mais ils n'éclairent que le passé et la qualité du management du cédant. Pour séduire et convaincre, le dossier financier doit dépasser le stade des chiffres, et mettre en évidence les aspects qualitatifs et marketing qui feront le succès de demain :

⊃ présentation du marché, analyse de la concurrence, perspectives d'évolution ;

⊃ présentation et positionnement de l'entreprise sur son marché, facteurs clés de succès ;

⊃ adjonction de photos, de catalogues, d'organigrammes permettant d'éclairer le dossier ;

⊃ présentation du repreneur : parcours, qualités personnelles, environnement familial ;

⊃ pourquoi est-il l'homme de la situation ? Pourquoi va-t-il réussir ? Cohérence du projet ?

⊃ présentation de son projet d'entreprise et des principales actions envisagées à court terme.

Les analyses et projections financières habituelles viennent compléter le dossier en validant l'intérêt et la faisabilité de l'opération :

⊃ analyse financière de l'entreprise cible et comparaison aux chiffres sectoriels ;

⊃ justification du prix de transaction ;

⊃ plan de financement détaillé de l'opération ;

⊃ présentation des hypothèses d'exploitation et des prévisionnels d'activité ;

⊃ mise en évidence des nouveaux seuils de rentabilité et d'équilibre de trésorerie.

Il en va de même en matière de construction de prévisionnel. Le passé renseigne sur le futur et fixe les limites du crédible en matière de prévisions. L'analyse des marges et de l'évolution du chiffre d'affaires sur les cinq dernières années va presque déterminer les projections financières acceptables, s'agissant d'une reprise d'entreprise saine.

Les chiffres clés de la profession fournis par les centres de gestion ou la Centrale des bilans de la Banque de France permettent également d'encadrer et de justifier les prévisions.

Il convient donc de rester raisonnable et crédible en matière de prévisionnel, en évitant les évolutions trop rapides en matière de chiffre d'affaires comme de résultats.

Il est, en revanche, essentiel d'insister au-delà des chiffres sur les motivations du ou des repreneurs, la qualité de leur parcours professionnel, les éléments de marché justifiant les prévisions d'activité ; autant d'éléments qualitatifs qui ne peuvent que faciliter l'octroi des crédits.

Le crédit vendeur

Peu important et en règle générale court (18 à 36 mois), il n'apporte pas au repreneur une solution satisfaisante et durable au financement de la reprise. Un remboursement trop rapide risque de détériorer la trésorerie de l'entreprise et nécessite, dans la plupart des cas, la mise en place d'un crédit moyen terme de substitution.

Le crédit vendeur n'apporte pas non plus de solutions en termes de réduction du risque bancaire, puisque le cédant demande fort logiquement une caution bancaire à hauteur de son crédit.

La négociation du crédit vendeur perturbant bien souvent les relations avec le cédant, le repreneur a tout intérêt à privilégier un financement bancaire classique. Il pourra ainsi axer ses négociations sur des points essentiels (le prix, les garanties), en étant en meilleure position avec le vendeur.

Les crédits bancaires court terme

Le crédit relais

Cette technique de financement est extrêmement utilisée en matière de reprise d'entreprise. L'acquéreur peut lui-même avoir besoin d'un tel crédit dans l'attente de la vente d'un bien personnel. Le crédit relais vient dans ce cas se substituer momentanément à son apport personnel.

Il peut également être mis en place dans le holding en attendant la cession d'actifs de l'entreprise cible ou la remontée de dividendes à une échéance plus ou moins lointaine. Le rachat de stocks ou la réalisation de gros travaux peuvent générer un excédent de TVA récupérable important, que le repreneur pourra financer en cas de besoin par un crédit relais ponctuel.

La mobilisation du poste clients

La mobilisation du poste clients sous forme d'escompte, de Dailly ou d'affacturage permet un gonflement artificiel de la trésorerie disponible d'une entreprise. Il est ainsi possible et tentant de financer partiellement la reprise d'une entreprise sous cette forme, en distribuant la trésorerie disponible.

⊃ Dans le cas d'une reprise de titres *via* un holding, un tel montage tombe sous le coup de l'abus de pouvoir et de biens sociaux, la cible n'ayant aucun intérêt à s'endetter à court terme pour financer son rachat.

⊃ Dans le cas d'une reprise de fonds de commerce à titre personnel ou par le biais d'une société, le problème est différent. Le fonds de commerce appartenant à la personne endettée, le remboursement de la dette moyen terme par toute formule profite bien à l'entreprise.

La mobilisation du poste clients doit, dans l'absolu, se limiter au financement du cycle d'exploitation. Que ponctuellement et partiellement elle permette un paiement de dividendes, un remboursement de compte courant ou de crédit moyen terme, cela est possible si la mobilisation reste modérée et si l'entreprise bénéficie d'une structure financière saine par ailleurs.

Les garanties liées aux crédits

Le nantissement des actifs ou des titres de la société cible

Dans le cas d'une reprise d'actifs

Le nantissement du fonds de commerce.
Il comprend la clientèle, le nom commercial, le droit au bail et le matériel. Il s'agit d'une garantie réelle prisée par les banques lorsqu'elles bénéficient d'un premier rang. En cas de défaillance de l'emprunteur, le produit de la cession du fonds de commerce vient rembourser les crédits

restant dus. Si l'emplacement est bon et si la nature de l'activité est recherchée, le fonds de commerce a une réelle valeur marchande.

Le nantissement des biens financés

La valeur de la garantie dépend de la qualité du bien, de sa vitesse d'obsolescence, de sa capacité à être replacé rapidement, de la durée du crédit et de son mode d'amortissement (plus vite le crédit s'amortit, meilleure est la garantie).

Idéalement, les établissements financiers préfèrent financer le matériel et l'immobilier en crédit-bail ou en location financière, afin d'être propriétaires du bien et ainsi pouvoir procéder rapidement à son reclassement en cas de défaillance du locataire.

L'hypothèque en cas de rachat de l'immobilier

Il s'agit d'une garantie solide, mais onéreuse et contraignante. Le privilège de prêteur de deniers qui offre au créancier la même garantie que l'hypothèque (le privilège du prêteur est inscrit directement dans l'acte d'achat du bien) permet de réaliser de 30 % à 50 % d'économies par rapport à une inscription hypothécaire classique, en fonction du montant de l'opération.

Dans le cas d'une reprise de titres

Seul le nantissement des titres de la cible est autorisé, les actifs de la cible ne pouvant pas être donnés en garantie. Il s'agit d'une garantie très faible, la valeur des titres étant le plus souvent nulle en cas de dépôt de bilan.

Les garanties financières externes

Une contre-garantie bancaire est fréquemment demandée par les banques, fournie par une société de caution mutuelle ou Oséo Garantie.

La garantie d'une société de caution mutuelle

Il s'agit d'établissements financiers privés, dont l'objet est de garantir les crédits bancaires.

Les taux de garantie varient de 40 % à 100 % selon les sociétés et la nature du risque couvert. Cette garantie extérieure est doublement appréciée par les banques. Elle constitue d'une part une garantie complémentaire de qualité, et elle apporte d'autre part un second regard dans le dossier de financement, qui permet de conforter une première analyse.

Un emprunteur souhaitant bénéficier d'une garantie doit verser à la fois une commission comprise entre 1 % et 2 % du capital emprunté et cotiser à un fonds de garantie à hauteur de 1 % à 3 % du capital emprunté, selon les organismes.

En cas de défaillance, la société de caution mutuelle indemnise le bénéficiaire de la garantie, en prélevant la somme sur le fonds de garantie.

Citons parmi les sociétés existantes, la Siagi, qui dépend des chambres de métiers et couvre tous les types d'entreprise auprès de toutes les banques. Il existe, en complément, des sociétés de caution mutuelle spécialisées, qui n'assurent que certains secteurs d'activités. Il en est ainsi des Socama qui garantissent exclusivement les dossiers d'artisans et de commerçants des Banques Populaires, et d'Interfimmo qui intervient uniquement sur les dossiers de professions libérales et professions médicales de LCL.

La garantie d'Oséo

Du fait de son actionnariat (60 % l'État, 40 % les banques), Oséo dispose de moyens d'action et d'une politique de risque qui tranchent par rapport aux sociétés de caution mutuelle privées. Le taux d'acceptation des dossiers est voisin de 80 %, et l'État fixe clairement une mission de soutien de l'économie et de l'emploi à cet organisme qui gère la garantie publique.

Sa garantie est recherchée par les banques tant pour la solvabilité de sa signature que pour l'expertise de son analyse.

Le repreneur a également intérêt à recourir à Oséo à plusieurs titres :

⊃ aucune commission n'est à verser au titre des fonds de garantie, l'État se chargeant de doter annuellement les fonds de garantie ;

⊃ l'intervention d'Oséo Garantie limite automatiquement la portée des cautions dans les cas où elles sont demandées, à 50 % du capital restant dû ;

⊃ la résidence principale de l'emprunteur est protégée. Aucune hypothèque ne peut être inscrite au titre du crédit garanti, et la mise en jeu de la caution ne peut pas s'appuyer sur la résidence principale.

Oséo Garantie intervient dans la plupart des secteurs d'activité en matière de reprise d'entreprise, à l'exception de la promotion immobilière et de l'agriculture. La taille des entreprises bénéficiaires est très large, puisque sont concernées les TPE (commerçants, artisans, professions libérales) et les PME.

▶ *Cf. www.oseo.fr : coordonnées des délégations régionales.*

Les cautions personnelles

Un engagement de caution peut être donné soit de manière spécifique (il couvre dans ce cas un crédit clairement identifié jusqu'à son terme), soit de manière indéterminée. Dans ce dernier cas, l'acte de caution est non limité dans le temps et couvre toutes les dettes existantes ou à venir du débiteur, garanties par la caution.

La caution peut être délivrée par une personne physique (repreneur, membre de sa famille ou ami), ou par une personne morale (société). Il s'agit d'un engagement très important puisqu'il porte sur tous les biens possédés par la caution.

Comment limiter la portée d'une caution ?

» en spécifiant son objet, son montant et sa durée de manière précise ;

» en privilégiant une caution simple à une caution solidaire ;

» en demandant à ce que l'engagement se réduise au fur et à mesure de l'amortissement du crédit garanti ;

» en réduisant sa validité à un nombre d'années inférieur à la durée du crédit ;

» en ne couvrant que partiellement la créance (50 % par exemple) ;

» en intervenant seul à l'acte. Les biens de la communauté ne sont pas engagés dans ce cas, sauf à ce que le conjoint donne son consentement de manière expresse, accompagné de sa signature sur l'acte de caution ;

» en précisant les conditions dans lesquelles la caution est donnée. Par exemple, la réalisation d'actes préalables au déblocage du crédit (libération du capital, entrée de nouveaux actionnaires) ou la prise de garanties complémentaires (nantissement du fonds de commerce et/ou des matériels financés).

En effet, la caution est déchargée de son engagement en vertu de l'article 2037 du Code civil, lorsque le prêteur n'a pas veillé au respect de l'ensemble des conditions liées au déblocage du prêt.

Les assurances

L'assurance décès, invalidité et incapacité au profit des banques

L'accord de crédit en matière de transmission dépend pour une large part du profil du repreneur. Son décès ou son absence prolongée, du fait d'une invalidité ou d'une incapacité, ne peut que fragiliser l'entreprise, lourdement endettée du fait du rachat. Il est donc très important de bien assurer le ou les repreneur(s) sur le décès, l'invalidité et l'incapacité de manière temporaire et définitive.

Les bonnes assurances ont un coût et la tentation est grande, notamment lorsque le repreneur est âgé, de réduire leur étendue (couverture partielle, garanties limitées, durée courte). Cette option est inappropriée à plusieurs titres :

⊃ Les assurances prévues aux contrats et demandées par les banques sont déductibles du résultat d'exploitation. L'emprunteur faisant l'économie de l'impôt sur la cotisation payée, le coût net est donc à relativiser.

⊃ En cas de décès, l'entreprise verra sa dette automatiquement remboursée et sera dès lors plus à même de faire face aux difficultés consécutives à l'absence de manager, pendant une période plus ou moins longue. Assurer le repreneur revient donc à sécuriser l'entreprise et à préserver l'emploi des salariés.

⊃ Les crédits étant remboursés, la valeur de l'entreprise s'en trouve augmentée. Les héritiers de l'assuré sont donc en meilleure position pour vendre celle-ci et confortent par là même leur patrimoine, au lieu d'assurer les charges de remboursement du crédit souscrit par le défunt.

⊃ En cas d'invalidité ou d'incapacité prolongée, l'assurance prend le relais de l'entreprise pour rembourser le crédit. Elle allège ainsi ses coûts d'exploitation en lui permettant de faire face dans de meilleures conditions à l'absence momentanée ou durable de son dirigeant.

L'assurance homme clé au profit de l'entreprise

En complément, parfois en substitution de l'assurance décès invalidité souscrite au profit des banques, le repreneur peut couvrir son décès ainsi que celui des autres personnes clés de l'entreprise en désignant comme bénéficiaire l'entreprise elle-même. Cette assurance est déductible fiscalement et vient conforter la situation financière de l'entreprise en cas de disparition de l'un ou l'autre de ses principaux dirigeants. Elle permet d'assurer dans de bonnes conditions le remplacement du défunt, et de réaliser une nouvelle transmission en douceur si besoin.

▶ *En guise de synthèse, une grille d'analyse est fournie en annexe 4 p. 187, afin de valider le montage financier de votre projet de reprise. Voir également le Modèle indicatif de dossier financier en annexe 5 p. 199.*

Cas pratiques

Chapitre 4

Les cas de reprise qui sont présentés ci-après sont tous inspirés de cas réels.

Pour des questions de confidentialité, les chiffres originaux ont été modifiés, en gardant toutefois les mêmes proportions. Les noms des entreprises et des personnes ont été rendus anonymes.

Le cas LAMBDA constitue un exemple d'application des méthodes présentées dans cet ouvrage concernant la valorisation de la cible, le montage juridique, fiscal et financier.

Ensuite, quatre cas pratiques permettent d'illustrer trois types de transmission :

⊃ la reprise par une personne physique extérieure à l'entreprise ;

⊃ la reprise par un membre de la famille ;

⊃ la reprise par une autre entreprise ;

La présentation de chaque dossier reprend les points suivants :

⊃ la présentation du repreneur ;

⊃ la présentation de l'entreprise reprise ;

⊃ la présentation du cédant ;

⊃ l'origine du dossier ;

⊃ le prix de cession ;

⊃ le montage juridique et financier ;

⊃ le plan de financement de l'opération ;

⊃ l'accompagnement et les garanties données par le cédant ;

⊃ l'évolution du dossier ;

⊃ l'analyse et les commentaires de l'expert ;

⊃ les commentaires et les recommandations du repreneur.

Chaque cas est particulier ; nous avons cependant jugé utile de terminer ce mini-guide par une série d'exemples. Ils matérialisent qu'il est possible de reprendre une entreprise, même avec peu de moyens financiers, si l'on est persévérant, imaginatif, « séducteur » et que l'on sait s'entourer. Le mot de la fin pour chaque dossier est laissé au repreneur, qui nous fait partager son expérience au travers de ses recommandations.

Le cas LAMBDA

Contexte de l'opération

Le repreneur : M. R.

M. R. est âgé de 45 ans. Marié, il a trois enfants.

M. R., après une formation d'ingénieur et un troisième cycle en gestion, a effectué toute sa carrière dans des fonctions de direction commerciale, au sein de grands groupes industriels.

Motivations

La volonté d'indépendance.

La mobilité géographique faisant partie intégrante de son contrat de travail, M. R. ne souhaitant plus déménager afin de préserver sa famille, il a décidé de racheter une entreprise sur son lieu de résidence actuel.

La cible : la société anonyme Lambda

Métier

Négoce de produits techniques à destination de l'industrie.

Développement et sous-traitance de sa propre gamme de produits.

Historique et organisation juridique

L'entreprise existe depuis près d'un siècle et a fait l'objet de plusieurs transmissions familiales. Les dirigeants actuels (M. et Mme X) ont repris la société il y a près de vingt ans.

L'entreprise est une SARL détenue à 50/50 par le couple de cédants.

Moyens techniques et humains

L'entreprise possède un parc de machines en bon état.

Sur le plan humain, sept personnes travaillent dans l'entreprise. M. X s'occupe de la partie technique et Mme X des fonctions administratives et commerciales.

Au niveau commercial, l'entreprise possède un contrat de distribution exclusif sur un territoire donné. Ce contrat est *intuitu personae*.

L'entreprise repose donc essentiellement sur le couple de cédants.

Éléments financiers

Un chiffre d'affaires qui progresse fortement chaque année, aux alentours de 1 000 k€ pour l'année en cours au moment des négociations.

Les principales grandeurs caractéristiques des soldes intermédiaires de gestion sont les suivantes :

En K€	N Prévu	%	N−1 Réalisé	%	N−2 Réalisé	%	N−3 Réalisé	%
Ventes + production	985	100	910	100	765	100	650	100
Valeur ajoutée	365	37	325	36	275	36	225	35
Excédent brut d'exploitation	160	16	145	16	105	14	55	8
Résultat d'exploitation	155	16	140	15	100	13	45	7
Résultat courant avant impôt	150	15	135	15	95	12	40	6
Résultat net	110	11	95	10	70	9	35	5
CAF	105	11	100	11	75	10	38	6

Sur le plan de la structure financière, la société Lambda se présente comme suit au 31 décembre de l'année N − 1 :

Actif	k€	Passif	k€
Actif immobilisé net	45	Fonds propres	200
		Comptes courants associés	85
Stocks	155		
		Dettes LM terme	0
Créances d'exploitation	295		
		Dettes d'exploitation	235
Trésorerie active	25		
Total bilan	**520**	**Total bilan**	**520**

Soit une structure financière saine globalement, un niveau de fonds propres représentant 38 % du total du bilan de la société d'exploitation et un endettement bancaire moyen et long terme nul.

Le besoin en fonds de roulement d'exploitation est important (215 k€), mais cohérent avec la nature de l'activité et la structure financière de l'entreprise. La trésorerie de l'entreprise est légèrement positive. Toutefois, un compte courant d'associé d'un montant de 85 k€ devra être remboursé aux cédants préalablement à la cession.

Les motivations des cédants

Départ à la retraite.

L'approche de la cible

En mars N, M. R. est mis en relation par un professionnel de la transmission avec les dirigeants de la société Lambda.

La valeur estimée par les cédants et leurs conseils n'est pas connue.

Le repreneur dispose de 280 k€ d'apport financier personnel.

Valorisation de la société Lambda

Hypothèses de travail

Compte tenu de la croissance de l'activité de la société Lambda, il a été fait le choix de prendre en compte les années N − 2, N − 1 et N afin de réaliser l'approche de valeur.

Bien que l'exercice N ne fût pas encore clos au moment de la valorisation, une situation intermédiaire à six mois réalisée par les cédants permettait de valider les hypothèses de chiffre d'affaires et de résultat présentés ci-avant.

Afin de prendre en compte la tendance haussière du chiffre d'affaires et de la rentabilité sur les 3 exercices étudiés, des coefficients de pondération ont été utilisés de la façon suivante :
➲ N : coefficient de pondération de 3.
➲ N − 1 : coefficient de pondération de 2.
➲ N − 2 : coefficient de pondération de 1.

Le repreneur souhaitant reprendre la société à la fin de l'année N, il était nécessaire d'intégrer dans l'approche de valeur le résultat net de l'année en cours. La valorisation présentée ci-après est donc réalisée à la date de reprise envisagée (fin d'exercice N).

Par ailleurs, les cédants ont procédé à une distribution de dividendes d'un montant de 30 k€ en N sur le résultat N − 1.

Coefficients et multiples retenus pour la valorisation

Compte tenu de son activité de négoce, de la dépendance vis-à-vis de son fournisseur principal et vis-à-vis des cédants, les coefficients multiplicateurs retenus ont été les suivants :

Méthode patrimoniale (mini : 2; maxi : 4)

Coefficient de valorisation du fonds de commerce : 3 fois le résultat net.

Méthode de la valeur de rendement (mini : 6; maxi : 8)

Coefficient : 6.

Méthode empirique

Durée d'emprunt : 7 ans.

Taux de distribution : 80 % (compte tenu de l'activité de négoce).

Taux d'emprunt : 5 %.

Apport théorique du repreneur : 2 années de résultat net.

Détermination de la capacité bénéficiaire normative de la société Lambda

Résultat net moyen pondéré

k€	N	N − 1	N − 2
Résultat net	110	95	70
Coefficient de pondération	3	2	1
Résultat net moyen pondéré	**98**		

Résultat d'exploitation moyen pondéré

k€	N	N − 1	N − 2
Résultat d'exploitation	155	140	100
Coefficient de pondération	3	2	1
Résultat d'exploitation moyen pondéré	**141**		

Détermination de la trésorerie nette à fin N

Trésorerie active fin N − 1	+ 25 k€
Comptes courants d'associés	− 85 k€
Trésorerie nette fin N − 1	− 60 k€
CAF de l'année N	+ 105 k€
Distribution de dividendes sur résultat N − 1	− 30 k€
Hypothèse d'augmentation du BFR sur N	− 55 k€
Trésorerie nette estimée fin N	− 40 k€

Le niveau de trésorerie estimé à fin N ressort à − 40 k€ du fait de la nécessité de rembourser les comptes courants d'associés aux cédants.

La trésorerie ne peut donc pas être utilisée pour financer une partie de l'acquisition. Celle-ci doit plutôt faire l'objet d'un renforcement par le repreneur afin de démarrer son activité avec une certaine marge de manœuvre. Ainsi, une partie du financement devra être affectée au renforcement de la trésorerie de la société Lambda.

Valorisation de la société Lambda au 31/12/N

Valeur de rendement

Résultat net moyen des 3 derniers exercices	98
Coefficient multiplicateur retenu	6
Valeur de base (1)	590
Trésorerie nette fin N (2)	− 40
Valeur retenue (1) + (2)	**550**

Valeur patrimoniale

	N	N − 1	N − 2
Actif net comptable N – 1		200	
Distribution dividendes	–	30	
Valeur fonds de commerce actif	–	30	
Actif net comptable - fonds de commerce		140	
Résultat net N	110		
Actif net comptable fin d'exercice N (1)	250		
Résultat net retraité	110	95	70
Coefficient de pondération	3	2	1
Résultat net moyen des 3 derniers exercices		98	
3 fois le résultat net moyen retraité = fonds de commerce (2)		295	
Valeur retenue (1) + (2)		545	

Empirique

	N	N − 1	N − 2
Résultat net moyen (moyenne simple)	92		
Distribution maximum possible (80%)	73,3		
Taux d'emprunt	5,0 %		
Durée d'emprunt (années)	7		
Capital empruntable	424	(1)	
Apport (1 à 2 années de résultat net)	183	(2)	
Trésorerie déficitaire à financer	− 40	(3)	
Valeur retenue : (1) + (2) + (3)	**567**		

Toutes méthodes confondues, la valeur de Lambda se situe dans une fourchette comprise entre 545 et 567 k€.

La moyenne de ces trois méthodes valorise la société à <u>554 K€</u>, soit une valorisation légèrement inférieure au prix négocié avec les cédants, qui était de 600 k€ comprenant :

⊃ un prix de base de 500 k€ sur la base des fonds propres N − 1 (170 k€ après distribution de dividendes) ;

⊃ un complément de prix correspondant au résultat de l'année en cours plafonné à 100 k€.

Modalités de la reprise

Les principales modalités de l'opération de reprise négociées entre les parties étaient les suivantes :

⊃ accompagnement rémunéré des cédants pendant 4 mois (2 mois à temps plein, 2 mois à mi-temps) ;

⊃ clause de non-concurrence et de non-débauchage ;

⊃ garantie d'actif et de passif plafonnée à 70 % du prix de cession ;

⊃ garantie de la garantie sous forme de caution bancaire simple donnée pendant 3 ans à hauteur de 20 % du prix la première année, 15 % la deuxième année et 10 % la troisième année ;

⊃ transformation préalable de la société en SAS, afin de limiter les droits d'enregistrement.

Le montage juridique et fiscal

⊃ Création préalable d'une société holding sous forme de SARL détenue à 100 % par le repreneur qui y apporte 280 k€ dont 100 k€ en comptes courants bloqués.

⊃ Reprise de 100 % des titres de la société Lambda pour 500 k€ payables au jour de la reprise.

⊃ Remboursement des comptes courants d'associés aux cédants pour un montant de 85 k€.

⊃ Souscription d'un emprunt de 450 k€ sur 7 ans et 5 mois.

⊃ Paiement 3 mois après la reprise du complément de prix égal au résultat net constaté au 31/12/N, plafonné à 100 k€.

⊃ Mise en place de l'intégration fiscale à partir du 01/01/N +1.

Le repreneur a logé son activité de direction au sein du holding afin de bénéficier du statut de TNS et profiter de la réduction d'impôt au titre de l'investissement au capital de PME.

Le holding refacture à la société Lambda une prestation de service correspondante avec marge lui permettant de déduire fiscalement les intérêts de l'emprunt de reprise.

Le montage financier

⊃ Apports de 280 k€ dont 100 k€ en compte courant.

⊃ Souscription d'un emprunt de 450 k€ sur 7 ans plus un différé de 4 mois.

⊃ Paiement des titres pour un montant de 500 k€.

⊃ Paiement des frais de reprise pour un montant de 40 k€ HT.

⊃ Remboursement des comptes courants d'associés à hauteur de 85 k€. Pour ce faire, le holding de reprise a réalisé un apport en comptes courants de même montant dans les livres de la société Lambda.

⊃ Paiement du complément de prix pour un montant de 100 k€.

Le plan de financement de la société holding s'établit donc ainsi :

Ressources	
Apports en numéraire en capital	180
Apports en nature (titres)	
Apports en compte courant	100
Emprunts bancaires	450
Dividende exceptionnel	–
Total	**730**

Emplois	
Acquisitions titres	500
Paiement complément de prix	100
Frais associés au montage	40
Remboursement CCA cible	85
Total	**725**
Écart	5

Le cas REBOND – Rachat des titres d'une société saine par une personne physique sans expérience du secteur d'activité

Exemple d'une reprise réussie avec effet de levier important et une absence à l'origine de liquidité personnelle du repreneur. Intervention de *business angels*.

Présentation du repreneur

Monsieur « REBOND » a 50 ans. Il est marié et a 4 enfants. Il a une formation d'école de commerce et a eu un parcours professionnel dans la grande distribution, à des postes de gestionnaire et manager.

Il a quitté son dernier poste de salarié il y a 5 ans, pour créer une affaire ; expérience qui s'est soldée par une cessation d'activité 4 ans plus tard. Sa situation financière personnelle s'en est trouvée fortement dégradée. Après une année de recherche d'emploi sans succès, il se met en quête d'une reprise d'entreprise.

Ses handicaps majeurs sont :

⊃ une absence d'apport personnel ;

⊃ des doutes personnels par rapport à sa dernière expérience de chef d'entreprise.

Ses points forts :

⊃ une obligation de réussite ;

⊃ une envie de revanche ;

⊃ une expérience précédente difficile qui l'a mûri sur le plan entrepreneurial et personnel.

Présentation de l'entreprise reprise

Activité : négoce et réparation automobile, agent d'une grande marque.

Localisation : zone rurale.

Affaire familiale de 20 salariés créée en 1975.

Principaux chiffres en **milliers d'euros** :

Compte de résultat des 3 derniers exercices

	N	N − 1	N − 2
Chiffre d'affaires	5 720	5 680	5 810
Résultat d'exploitation	81,5	75,2	86,3
Résultat courant	78,1	72,4	84,7
Résultat net	51,2	46,9	56,4
Capacité d'autofinancement	59,7	57,1	68,2

Bilan de l'année N

Actif		Passif	
Immobilisations	89	Fonds propres	710
Créances d'exploitation	724	Dettes MT bancaires	0
Disponibilités	268	Dettes d'exploitation	371
Total	**1 081**	**Total**	**1 081**

Présentation du cédant

62 ans, de formation mécanicien, travaillant avec son épouse.

Créateur de l'entreprise qui porte son nom.

Propriétaire du fonds de commerce donné en location-gérance à la société d'exploitation.

Propriétaire des locaux de l'entreprise *via* une SCI familiale.

Volonté de prendre sa retraite, en assurant la pérennité de son entreprise et des emplois de ses collaborateurs.

Origine du dossier

Cabinet de transmission.

Prix de cession

100 % des titres de la société d'exploitation	465 000 euros
Fonds de commerce	75 000 euros

Pas de reprise de l'immobilier.

Montage juridique et financier

Première étape : constitution d'une capacité d'apport personnel

Compte tenu de l'absence d'apport personnel, le repreneur a tout d'abord cherché des ressources auprès d'anciennes relations professionnelles (*business angels*).

Deux investisseurs (A et B) qui souhaitaient être associés à son projet de reprise lui ont donc, tout d'abord, consenti un prêt personnel de 15 000 euros chacun sur 5 ans.

Deuxième étape : création du holding de reprise

SA au capital de 40 000 euros réparti comme suit :

Monsieur « REBOND »	75 % correspondant aux prêts des investisseurs A et B
Investisseur A	12,5 %
Investisseur B	12,5 %

Apport en compte courant d'associés de 20 000 euros chacun par A et B.

Soit un total de ressources en fonds propres de 80 000 euros.

Troisième étape : levée du financement bancaire

Le holding pour le rachat de 100 % des titres de la société cible a emprunté 400 000 euros auprès de deux banques sur 7 ans.

Garanties : nantissement des titres de la société cible, garantie Sofaris à 50 %, caution personnelle du dirigeant à 50 %, assurance décès invalidité sur sa tête au profit des prêteurs.

La société d'exploitation s'est endettée de 75 000 euros sur 5 ans pour acquérir le fonds de commerce auprès du cédant.

Le solde des ressources du holding, soit 15 000 euros, a permis de financer les frais de conseils et de droits d'enregistrement liés à l'opération de reprise.

Accompagnement et garanties du cédant

Gratuit.
3 mois à temps plein.
3 mois à la discrétion du repreneur limité à un mi-temps.

Garantie d'actif et de passif sur les titres plafonnée au montant de la cession.

Clause de non-concurrence et de non-débauchage.

Évolution après 18 mois

Sur le plan humain, la transmission s'est très bien opérée avec le cédant et ses collaborateurs. Aucun départ à signaler. Les relations sont excellentes. Le cédant fait toujours de la prescription active auprès de son entourage pour son ancienne entreprise.

Le chiffre d'affaires est stable, mais la rentabilité et la trésorerie de l'entreprise se sont nettement améliorées.

La rentabilité nette a été multipliée par trois sur l'exercice N + 1 (150,5 milliers d'euros) par rapport aux chiffres de l'année de cession (51,7 milliers d'euros).

La trésorerie a été multipliée par deux passant à 541 milliers d'euros en N + 1 par rapport à 268 milliers d'euros lors de la cession.

Analyse et commentaires de l'expert

Il s'agit là d'un dossier tout à fait exceptionnel...

Prix de cession très raisonnable, inférieur au montant des fonds propres.

Effet de levier important à l'origine, adossé à un prêt personnel pour constituer l'apport.

Repreneur qui n'est pas du métier à l'origine mais qui réussit très bien dans cette activité.

Excellentes relations maintenues dans la durée entre le cédant et le repreneur.

Conjoncture favorable sur le plan du secteur d'activité et de la marque représentée.

Le repreneur est parvenu à REBONDIR en réalisant une performance économique et financière tout à fait remarquable. La trésorerie de la société d'exploitation ainsi que ses fonds propres sont supérieurs aux dettes financières cumulées (cible + holding).

Commentaires et recommandations du repreneur

Il faut rechercher une entreprise riche et qui fonctionne très bien.

Le prix de cession est accessoire.

On trouvera toujours à financer l'acquisition d'une entreprise qui a de la trésorerie, une capacité bénéficiaire récurrente et une bonne notoriété. Une entreprise malade, peu chère en apparence, coûtera toujours trop au final, en regard des difficultés qu'elle générera au repreneur.

La période d'accompagnement du cédant doit être très courte, celui-ci restant à la disposition du repreneur en cas de besoin. Cette distance entre les hommes facilite le respect mutuel et la prise en main de l'entreprise par le repreneur, qui doit très vite s'imposer en interne comme en externe.

Le cas JYVAIS — Rachat d'un fonds de commerce d'une entreprise en difficulté par les salariés de l'entreprise et un repreneur extérieur

Exemple d'une reprise avec effet de levier raisonnable et un apport limité du repreneur. Intervention de *business angels* et de salariés de la cible au capital de la société de reprise.

Présentation du repreneur

Monsieur « JYVAIS » a 45 ans. Il est marié et a 3 enfants. Il a une formation universitaire en gestion, et a eu un parcours professionnel dans les services à des postes de commercial et de manager.

Depuis 10 ans dans la même entreprise, il aspire au changement et à davantage d'autonomie.

L'expérience réussie d'un certain nombre d'amis et de clients dans la reprise d'entreprise lui a donné l'envie de tenter l'aventure à son tour.

Très entouré sur le plan professionnel et amical, dans une région qu'il connaît parfaitement, il se met à la recherche d'une entreprise en parallèle de son activité de salarié.

Ses handicaps majeurs sont :

⊃ un apport personnel limité (40 000 euros) ;

⊃ une absence de connaissance d'un métier précis ;

⊃ une expérience de management limitée à de petites équipes (< 5 personnes).

Ses points forts :

⊃ un réseau personnel étoffé ;

⊃ des qualités relationnelles et commerciales ;

⊃ l'autonomie et la disponibilité pour rechercher l'entreprise cible ;

⊃ des expériences professionnelles précédentes réussies.

Présentation de l'entreprise reprise

Activité : prestation de services informatiques.

Localisation : multi-sites (5 implantations) en zone urbaine.

Affaire de 60 salariés créée en 1986, en redressement judiciaire.

Principaux chiffres en **milliers d'euros** :

Compte de résultat des 3 derniers exercices avant redressement judiciaire

	N	N − 1	N − 2
Chiffre d'affaires	3 421	2 972	2 286
Résultat d'exploitation	− 132,6	− 15,2	31,4
Résultat courant	− 242,7	− 95,4	− 61,6
Résultat net	− 234,1	− 101,4	− 42,5

Bilan de l'année N

Actif		Passif	
Immobilisations	175	Fonds propres	− 451
Créances d'exploitation	655	Dettes MT bancaires	687
Disponibilités	0	Dettes d'exploitation	594
Total	**830**	**Total**	**830**

Durant les 6 premiers mois de la période d'observation, le chiffre d'affaires s'est maintenu et la rentabilité d'exploitation a été restaurée (+ 129 milliers d'euros), du fait de la fermeture de 2 sites déficitaires et de la réduction sensible des frais généraux.

Présentation du cédant

42 ans, de formation universitaire.

Créateur de l'entreprise, il a embauché tous les salariés de l'entreprise.

Fort tempérament de développeur. Grande capacité pédagogique et créative.

Absence de compétence et de goût pour la gestion et la finance.

Recherche un appui sur ce plan et un renforcement de ses moyens financiers pour poursuivre son activité.

Origine du dossier

Administrateur judiciaire.

Prix de cession

du fonds de commerce	200 000 euros
des matériels	110 000 euros

Pas de reprise des titres de la société compte tenu de l'importance du passif.

Montage juridique et financier

Première étape : constitution d'un premier holding familial (H 1)

Création d'une société civile au capital de 75 000 euros, réparti 2/3 pour le repreneur et 1/3 pour des membres de la famille proche.

Deuxième étape : création d'un deuxième holding de reprise (H 2), avec levée de fonds auprès d'investisseurs privés proches *business angels*

Création d'une SARL au capital de 125 000 euros, réparti 60 % pour la société civile du repreneur et 40 % pour les investisseurs privés au nombre de cinq.

Apport en compte courant d'associés de 10 000 euros chacun par chaque investisseur privé.

Soit un total de ressources en fonds propres de 175 000 euros se répartissant comme suit :

CAPITAL	125 000 euros
• société civile du repreneur	75 000 euros
• investisseurs privés	50 000 euros
COMPTE COURANT	50 000 euros
• investisseurs privés	50 000 euros

Troisième étape : création d'une société anonyme de reprise du fonds de commerce (H 3), ouverte aux salariés de l'entreprise cible

Constitution de la société au capital de 260 000 euros, détenue à 67 % par le holding H 2 (majorité en assemblée générale ordinaire et extraordinaire).

Ouverture du capital à 10 salariés, cadres et non-cadres, qui investissent globalement 85 000 euros. Pas d'apport en compte courant complémentaire.

Quatrième étape : levée d'un financement bancaire complémentaire

Emprunt de 260 000 euros répartis sur trois banques, d'une durée de 5 ans.

Garanties : nantissement du fonds de commerce et des matériels acquis, caution personnelle du dirigeant à hauteur d'un tiers, assurance décès invalidité sur sa tête au profit des prêteurs.

Plan de financement de l'opération de reprise

RESSOURCES DE H 3	520 000 euros
Apport en capital de H 2	175 000 euros
Apport en capital des salariés	85 000 euros
Emprunt moyen terme	260 000 euros
EMPLOIS DE H 3	520 000 euros
Acquisition du fonds de commerce	200 000 euros
Acquisition de matériels	110 000 euros
Frais liés à l'opération	10 000 euros
Fonds de roulement disponible	200 000 euros

Accompagnement du cédant

Le cédant est resté salarié de l'entreprise à un poste de directeur commercial.

Évolution après 18 mois

Sur le plan humain, la transmission s'est très mal passée. Le cédant étant resté dans l'entreprise à un poste clé, le repreneur n'est pas parvenu à s'imposer vis-à-vis des principaux collaborateurs. N'étant pas du métier, il a dépendu du savoir-faire et des relations commerciales de l'ancien dirigeant.

Un an après la reprise, les pertes de la nouvelle entreprise, de l'ordre de 450 000 euros, ont contraint le repreneur à un nouveau plan de restructuration. Dans ce cadre, l'ancien dirigeant est parti avec ses principaux collaborateurs pour créer une entreprise concurrente.

Six mois plus tard, les pertes s'accumulant avec la baisse du chiffre d'affaires et ce, malgré les économies de frais généraux, le repreneur s'est placé sous la protection du tribunal de commerce. Celui-ci a prononcé un redressement judiciaire, suivi dans les quatre mois d'une nouvelle cession du fonds de commerce à un groupe spécialisé dans la formation.

Analyse et commentaires de l'expert

Malgré un prix de cession raisonnable (eu égard à la taille de l'entreprise et à ses très bons résultats pendant la période d'observation), et un montage financier peu tendu en termes d'endettement bancaire, la reprise de cette entreprise a échoué.

À cela quatre raisons principales à mon sens :

⊃ un repreneur qui n'est pas du métier et qui ne parvient pas à s'imposer ;

⊃ un cédant qui reste dans l'entreprise créant des tensions dans l'équipe de direction ;

⊃ une difficulté naturelle à inverser une tendance, déjà mauvaise, avant le premier dépôt de bilan. Les excellents résultats durant la période d'observation étant liés à un surinvestissement des collaborateurs pour sauver leur entreprise ;

⊃ le départ de l'ancien dirigeant avec ses principaux collaborateurs pour créer une entreprise concurrente a accéléré les difficultés de la société et précipité son dépôt de bilan.

Commentaires et recommandations du repreneur

L'addition des points faibles du dossier s'est transformée, au final, en une multiplication de difficultés insurmontables. Un seul des points faibles relevés précédemment doit amener le candidat repreneur à la plus grande prudence.

L'acquisition du savoir-faire et la prise en main de l'entreprise doivent s'opérer très rapidement, 3 à 6 mois maximum, afin de pouvoir être autonome vis-à-vis du cédant. Son départ doit être programmé dès l'origine, et la période de recouvrement dans l'entreprise la plus courte possible.

Compte tenu de mon inexpérience en matière de direction d'entreprise de cette importance, j'aurais dû faire une offre de reprise partielle en m'associant à un professionnel du secteur. Je me suis trouvé rapidement marginalisé par l'équipe en place, sans allié ni légitimité pour imposer les changements culturels et de méthodes de travail qui auraient, peut-être, pu permettre un redressement durable de l'entreprise.

Le cas JUNIOR – Rachat d'entreprise par les enfants – Transmission familiale

Exemple d'une transmission familiale combinant donation des parents, apport de titres du repreneur et reprise de parts à un membre de la famille.

Présentation du repreneur

Monsieur « JUNIOR » a 35 ans. Il est marié et a 3 enfants. Il a une formation DUT Transport et a créé sa première entreprise il y a 10 ans. Celle-ci réalise aujourd'hui 4,8 millions d'euros de chiffre d'affaires avec une dizaine de collaborateurs.

Ses points forts :
⊃ il connaît parfaitement le secteur d'activité faisant l'objet de la transmission ;
⊃ il est légitime en interne vis-à-vis des salariés ;
⊃ il possède déjà 25 % du capital ;
⊃ ses parents sont prêts à lui transmettre une partie du capital sous forme de donation.

Ses handicaps :
⊃ pas d'apport personnel en numéraire ;
⊃ une sœur déjà dans l'entreprise.

Présentation de l'entreprise reprise

Activité : transport de marchandises.
Localisation : chef-lieu de canton.

Affaire de 20 salariés créée en 1945 par ses grands-parents.

Organisation juridique :

⊃ l'entreprise est détenue à 50 % par les parents et 25 % par chacun des deux enfants ;

⊃ le fonds de commerce et l'immobilier sont détenus par les parents qui donnent l'ensemble en location-gérance à la SARL d'exploitation.

Principaux chiffres en **milliers d'euros** :

Compte de résultat des 3 derniers exercices

	N	N − 1	N − 2
Chiffre d'affaires	1 351	1 240	1 187
Résultat d'exploitation	91	115	127
Résultat courant	85	107	123
Résultat net	63	81	145
Capacité d'autofinancement	241	265	332

Bilan de l'année N

Actif		Passif	
Immobilisations	462	Fonds propres	754
Créances d'exploitation	463	Dettes MT bancaires	145
Disponibilités	425	Dettes d'exploitation	451
Total	**1 350**	**Total**	**1 350**

Présentation du cédant

65 ans, autodidacte, repreneur de l'entreprise familiale il y a 30 ans.

Volonté de prendre sa retraite, en assurant la pérennité de l'entreprise et la transmission du patrimoine familial.

Origine du dossier

Parents.

Valeur de l'entreprise et des actifs

100 % des titres de la société d'exploitation	1 000 000 euros
Valeur du fonds de commerce	150 000 euros
Valeur de l'immobilier	500 000 euros

Montage juridique et financier

Première étape : donation-partage des actifs professionnels entre les enfants

Cette donation a été réalisée avant 65 ans, afin de bénéficier de l'abattement en matière de droits de succession.

« JUNIOR » a reçu en donation 50 % des parts de la SARL d'exploitation (valeur 500 000 euros).

Sa sœur a reçu en donation 100 % de l'immobilier professionnel (valeur 500 000 euros).

Les parents ont conservé la propriété du fonds de commerce.

La nouvelle répartition du capital de la SARL après donation est la suivante :
- 75 % « JUNIOR » ;
- 25 % sa sœur.

Deuxième étape : création d'une société holding de reprise

Apport par « JUNIOR » des 25 % de titres de la SARL qu'il possédait préalablement, pour constitution du capital de la société holding. Soit un capital de 250 000 euros.

Troisième étape : vente au holding par « JUNIOR » des titres reçus en donation

Cette vente d'un montant de 500 000 euros a été réalisée sur la même base de valeur que celle retenue lors de la donation par les parents, afin d'échapper à toute plus-value.

Cette vente s'est traduite sur le plan comptable dans le holding par l'inscription d'un compte courant d'associés de même montant au nom de « JUNIOR » ; celui-ci bénéficiant ainsi d'une capacité de retrait de liquidité dans le futur, hors fiscalité et hors charges sociales.

Quatrième étape : acquisition par le holding des 25 % de titres détenus par sa sœur

Sur la même base de valeur que celle retenue lors de la donation par les parents afin d'échapper à toute plus-value, soit 250 000 euros.

Règlement au comptant, moyennant une distribution de dividendes de 270 000 euros de la SARL au profit du holding, le jour de l'acquisition des titres.

Les 20 000 euros excèdent le prix des titres, étant destinés à régler les frais liés à l'opération.

Cinquième étape : acquisition par la société d'exploitation du fonds de commerce auprès des parents

Emprunt bancaire auprès d'une banque d'un montant de 150 000 euros sur 5 ans.

Garanties : nantissement du fonds de commerce, assurance décès invalidité sur la tête du dirigeant au profit des prêteurs.

Plan de financement de l'opération

RESSOURCES	1 170 000 euros
Apport en capital (titres en nature)	250 000 euros
Crédit vendeur (compte courant «JUNIOR»)	500 000 euros
Distribution de dividendes	270 000 euros
Emprunt moyen terme sur société d'exploitation	150 000 euros
EMPLOIS	1 170 000 euros
Acquisition des titres de la cible	1 000 000 euros
Acquisition du fonds de commerce	150 000 euros
Frais liés à l'opération	15 000 euros
Disponibilités	5 000 euros

Accompagnement et garanties des cédants

Le cédant est resté 3 mois dans l'entreprise à temps plein en binôme avec son fils. Il s'est progressivement retiré ensuite sur une période d'un an.

Le frère et la sœur travaillent ensemble dans l'entreprise.

Les parents, comme la sœur, ont donné une garantie d'actif et de passif limitée à 150 000 euros sur les titres donnés et cédés.

La sœur a également signé une clause de non-concurrence et de non-débauchage.

Évolution du dossier

La reprise s'est effectuée sans difficulté. Aucune perte de clients à signaler. Bonne entente entre les parents et les enfants. La croissance de l'entreprise s'est poursuivie selon le même rythme, la transmission n'ayant engendré aucune rupture de l'exploitation.

Analyse et commentaires de l'expert

Schéma type de transmission familiale qui s'est opérée avec succès du fait :

⊃ d'une valorisation raisonnable de l'entreprise ;

⊃ d'une donation des parents de leurs titres et de l'immobilier professionnel ;

⊃ de la coexistence de l'immobilier et des titres permettant la donation des titres à « JUNIOR » et de l'immobilier à sa sœur ;

⊃ d'une excellente situation financière de la société d'exploitation, permettant une distribution de dividendes pour régler les titres de la sœur, et le recours à l'endettement pour acquérir le fonds de commerce ;

⊃ d'un départ en douceur du père, qui a progressivement transmis la direction de l'entreprise à son fils ;

⊃ de l'expérience du secteur d'activité et de la direction d'entreprise de « JUNIOR ».

Commentaires et recommandations du repreneur

Dans une entreprise qui a eu pendant de nombreuses années le même dirigeant, il est important dans un premier temps de ne pas modifier le fonctionnement de cette entreprise. Faire comme s'il n'y avait pas eu de changement de dirigeant, continuer la méthode de travail actuelle, les 3 ou 6 premiers mois.

Comprendre les habitudes de fonctionnement : habitudes positives qui font mieux comprendre la bonne rentabilité de l'entreprise, habitudes négatives à modifier à la première occasion.

Analyser les affinités, les complémentarités, les oppositions et les rapports de force qui existent entre les personnes. Le regard neuf d'un dirigeant permet de faire rapidement cette analyse.

Évaluer la charge de travail de l'ancien dirigeant, son niveau de délégation… s'il y a délégation !

Évaluer le niveau de modernisme de l'entreprise. Ex : avoir des camions neufs mais ne pas équiper la comptabilité d'un système informatique digne de ce nom.

Conclusion :

⊃ Ne pas chercher à faire fonctionner l'entreprise aussi bien que l'ancien dirigeant avec ses 30 années d'expérience. Il faut, au début, aller à l'essentiel.

⊃ Assurer le bon fonctionnement de l'entreprise sans la modifier, bien suivre les rapports avec les clients.

⊃ Résister à la pression qui s'exerce au début par la méconnaissance de l'entreprise et de son fonctionnement, la lenteur des décisions que l'on prend. Cette pression s'évapore au bout de 3 à 6 mois, et après, on peut vraiment réfléchir sur la stratégie future, les modifications de fonctionnement, les possibilités de délégation, les nouveaux clients. Bref, c'est ce qu'il y a de plus passionnant.

Le cas EXPANSION – Croissance externe

Exemple d'une reprise d'entreprise par une société plus petite du même secteur d'activité.

Présentation du repreneur

Monsieur « EXPANSION » a 45 ans. Il est marié et a 4 enfants. Il a une formation Ingénieur BTP et a eu un parcours professionnel réussi dans différentes entreprises.

Il y a 15 ans, il a créé, avec un associé à 50/50, sa première entreprise dans le domaine de l'ingénierie du bâtiment.

Son associé partant à la retraite, il a racheté ses actions par le biais d'un holding, il y a 4 ans.

Tout se passe pour le mieux dans son entreprise et Monsieur « EXPANSION » souhaite passer du stade régional au stade national. Il a l'opportunité de reprendre un concurrent important, qui bénéficie d'une clientèle bien répartie sur le plan national et qui réalise le métier de manière complémentaire à la sienne.

Motivations de l'opération

Augmenter le chiffre d'affaires pour peser davantage sur le marché.

Diversifier la gamme de services offerts à la clientèle.

Réaliser des économies d'échelle sur certains frais fixes.

Structurer le groupe sur le plan managérial.

Augmenter la valeur financière du groupe.

Présentation de l'entreprise existante « société A »

Localisation : métropole régionale.

Affaire de 10 salariés créée en 1985.

Forme juridique : société anonyme.

Monsieur « EXPANSION » détient 100 % des actions *via* un holding personnel.

La société possède son fonds de commerce.

L'immobilier est loué à une SCI familiale.

Principaux chiffres en **milliers d'euros** :

Compte de résultat des 3 derniers exercices

	N	N − 1	N − 2
Chiffre d'affaires	6 325	4 152	3 250
Résultat d'exploitation	398	231	205
Résultat courant	412	243	214
Résultat net	246	156	124
Capacité d'autofinancement	265	175	148

Bilan de l'année N

Actif		Passif	
Immobilisations	76	Fonds propres	652
Créances d'exploitation	1 432	Dettes MT bancaires	0
Disponibilités	996	Dettes d'exploitation	1 852
Total	**2 504**	**Total**	**2 504**

Présentation du holding existant « société H »

Forme juridique : SARL.

Monsieur « EXPANSION » détient 99,9 % des parts.

Source de revenus unique : dividendes de la société A.

Monsieur « EXPANSION » est salarié de la société A.

Il n'existe pas de prestations de services entre le holding et sa filiale.

Intégration fiscale entre le holding et la filiale.

Principaux chiffres en **milliers d'euros** :

Compte de résultat des 3 derniers exercices

	N	N − 1	N − 2
Chiffre d'affaires	0	0	0
Résultat courant	121	117	112
Résultat net	75	73	71

Bilan de l'année N

Actif		Passif	
Immobilisations financières	230	Fonds propres	512
Créances d'exploitation	356	Dettes MT bancaires	74
Total	**586**	**Total**	**586**

Présentation de l'entreprise reprise « société B »

Activité : ingénierie du bâtiment.

Localisation : ville de moyenne importance distante de 100 km de l'entreprise A.

Affaire de 24 salariés créée en 1975.

Forme juridique : société anonyme propriétaire de son fonds de commerce.

Répartition du capital : cédant 85 %, un associé (directeur général) 15 %.

Immobilier appartenant à une SCI détenue à 75 % par la société B et 25 % par le cédant.

Principaux chiffres en **milliers d'euros** :

Compte de résultat des 3 derniers exercices

	N	N − 1	N − 2
Chiffre d'affaires	6 981	5 432	6 237
Résultat d'exploitation	735	432	528
Résultat courant	699	403	514
Résultat net	441	254	325
Capacité d'autofinancement	492	297	361

Bilan de l'année N

Actif		Passif	
Immobilisations	234	Fonds propres	673
Créances d'exploitation	855	Dettes MT bancaires	85
Disponibilités	923	Dettes d'exploitation	1 254
Total	**2012**	**Total**	**2012**

Principaux chiffres caractéristiques de la SCI filiale

Compte de résultat des 3 derniers exercices

	N	N − 1	N − 2
Chiffre d'affaires	36,5	36,4	36,3
Résultat net	2,1	2	2

Bilan de l'année N

Actif		Passif	
Immobilisations	156	Fonds propres	76
Créances d'exploitation	5	Dettes MT bancaires	85
Total	**161**	**Total**	**161**

Présentation du cédant

60 ans, ingénieur BTP, créateur de l'entreprise.

Volonté de prendre sa retraite, en assurant la pérennité de son entreprise.

Origine du dossier

Cabinet de transmission.

Prix de cession

100 % des titres de la société B = 2 200 000 euros.
Le directeur général, 50 ans, a vendu ses titres (15 %) en restant salarié de l'entreprise.

Montage juridique et financier

Première étape : préalablement à la vente, acquisition par la société B des 25 % de titres de la SCI détenus par le cédant

Prix : 25 000 euros.

Autofinancés à 100 % par prélèvement sur la trésorerie de l'entreprise.

Deuxième étape : remontée de trésorerie sur la société holding du repreneur, afin de lui permettre de réaliser l'opération

Remboursement des comptes courants prêtés à la société A par le holding, à hauteur de 250 000 euros.

Distribution de dividendes exceptionnelle de la société A, à hauteur de 150 000 euros, pour renforcer la capacité d'apport du holding.

Troisième étape : acquisition des actions de la société B, par la société H

Mode de financement

Autofinancement	400 000 euros
Distribution de dividendes exceptionnelle de la société B	350 000 euros
Crédit bancaire réparti sur 3 banques sur 7 ans	1 500 000 euros

Garanties

Nantissement des actions + assurance décès invalidité sur la tête du repreneur déléguée aux banques.

La charge annuelle de remboursement du crédit de reprise représente :

⊃ 50 % du résultat de la société B pour l'année N ;

⊃ 30 % du résultat cumulé des sociétés A et B sur le dernier exercice.

Le solde des ressources, soit 50 000 euros, a permis de régler les frais de l'opération (conseils et droits d'enregistrement).

Accompagnement et garanties du cédant

Accompagnement d'un an avec un contrat de travail salarié.

Responsabilité essentiellement commerciale pour favoriser la transmission des contacts avec les principaux clients sur le plan national.

Garantie d'actif et de passif sur les titres plafonnée au prix de cession.

Garantie de la garantie sous forme d'une caution bancaire limitée au quart du prix de vente.

Clause de non-concurrence et de non-débauchage sur 5 ans.

Évolution du dossier

La transmission s'est parfaitement opérée entre le cédant et le repreneur.

Un an après, le carnet de commandes de l'entreprise est important et le résultat net du dernier exercice a été multiplié par deux.

Le directeur général, qui avait vendu ses titres lors de la reprise par Monsieur «EXPANSION», est redevenu actionnaire de la société B, au bout de 6 mois, à hauteur de 5 %. Cette opération, qui était programmée dès l'origine, ne devait se réaliser que si le repreneur et le directeur général parvenaient à s'entendre sur le plan opérationnel.

Les excellents résultats de la société B en N + 1 ont permis de compenser un exercice en net repli de l'entreprise A, sur le plan de l'activité et du résultat. Les absences fréquentes de Monsieur « EXPANSION » durant la première année de reprise ont fortement pesé sur l'organisation et la performance de la société A, peu structurée sur le plan des équipes.

Analyse et commentaires de l'expert

Compte tenu de la qualité intrinsèque des deux entreprises (fonds propres importants, trésorerie largement excédentaire, faible endettement à terme), cette reprise a pu se financer très facilement, sans caution personnelle ni garantie Sofaris.

Le montage juridique final est très simple. La société holding détient 100 % de la société A et 95 % de la société B. Cette dernière possède 100 % de la SCI portant ses actifs immobiliers.

À tout point de vue, cette opération a été bénéficiaire pour le repreneur. Elle lui a permis de constituer rapidement une référence sur le plan régional, avec une couverture nationale. Elle l'a contraint rapidement à renforcer ses équipes opérationnelles, ce qui l'a autorisé à prendre le recul nécessaire pour mieux diriger son groupe.

Ayant dorénavant deux sociétés, il est moins dépendant des aléas économiques, humains et financiers de chaque entreprise. Fort de cette première expérience, il envisage à moyen terme une autre acquisition dans son domaine d'activité.

Commentaires et recommandations du repreneur

Un an après

J'insisterais sur l'importance d'une bonne mise au point du dossier avant la signature.

Tout ce qui est vu, négocié et avalisé avant signature n'est plus à revoir et à discuter ensuite. J'entends par là non seulement tout ce qui est dans le « closing » (les garanties, le protocole) mais aussi tout ce qui va régir les modalités de fonctionnement au quotidien entre le cédant et le repreneur, c'est-à-dire les rémunérations, les défraiements, etc. L'intérêt est au niveau des échanges quotidiens, où nous pouvons nous concentrer et nous focaliser sur la société et ne pas nous « pourrir » la vie avec les questions matérielles.

Je soulignerais également le fait de bénéficier d'une bonne rédaction des clauses de garantie et de conseillers éclairés. Par exemple dans mon cas, j'avais une clause de réduction de prix si certains chiffres n'étaient pas atteints dans un délai donné, mais pas de clause inverse pour le cédant si les chiffres étaient supérieurs aux prévisions.

Sur le vécu quotidien

Il est difficile pour le cédant de se détacher du pouvoir quotidien et d'être « relégué » dans un rôle non décisionnel.

Lorsque je me retrouverai dans la peau du cédant à mon tour, je ferai en sorte que la durée de ma présence au sein de l'entreprise soit la plus courte possible après le transfert (3 à 6 mois maximum).

Je me suis rendu compte qu'il fallait savoir se hâter lentement et ne pas aller trop vite au risque de trop bousculer les « us et coutumes » en place. Le personnel est quelque peu déboussolé par le changement « radical » de direction, et il faut un peu de temps pour se faire adopter et engager des réformes et des changements.

Une communication interne soutenue, régulière, pensée et organisée est nécessaire et aide à mieux faire passer les messages, les objectifs et comprendre la voie dans laquelle la nouvelle direction veut entraîner la société.

Annexes

Annexe 1 – Documents et informations à obtenir en vue d'une reprise d'entreprise

Informations sur la société

⊃ Bilans, comptes de résultats et annexes des cinq derniers exercices.

⊃ Déclarations fiscales annuelles et détail des comptes.

⊃ Prévisionnel pour l'année en cours et situations intermédiaires.

⊃ Date et contenu du dernier contrôle fiscal et social, et éventuellement état de la procédure.

⊃ Date et contenu du dernier contrôle en matière d'hygiène, de sécurité et d'environnement.

⊃ Rapports du commissaire aux comptes des trois derniers exercices.

⊃ Rapports de gestion des 3 derniers exercices.

⊃ Extrait K bis de l'entreprise.

⊃ Statuts à jour de la société.

⊃ Derniers procès-verbaux des conseils d'administration et assemblées générales.

⊃ Répartition du capital social.

⊃ Information sur la stabilité et la disponibilité des titres composant le capital actuel (registre des mouvements de titres, existence de démembrement de titres, émission de valeurs mobilières composées, nantissement de titres, promesse de vente ou d'achat, existence de pacte de préférence...).

Informations sur les actionnaires et les dirigeants actuels

⊃ Rapport spécial du commissaire aux comptes des 3 derniers exercices.

⊃ Existence d'avantages particuliers (contrat d'assurance, retraite complémentaire...).

⊃ Utilisation de biens appartenant à la société ou financés par elle.

⊃ Créances vis-à-vis de la société (nature, montant, clauses de retour à une meilleure fortune).

⊃ Conventions en cours avec d'autres sociétés dans lesquelles les cédants ont des intérêts.

⊃ Cautions ou autres garanties personnelles données en faveur de la société.

⊃ Contrat de mariage des cédants.

⊃ Vérification de la capacité à agir seuls.

Informations sur les actifs de l'entreprise

⊃ Liste des immobilisations avec indication de leur âge et de leur vétusté.

⊃ Titres de propriété des terrains et bâtiments.

⊃ Dernières expertises d'assurance.

⊃ Contrats de prêts, de leasing et de location (baux commerciaux, gérance).

⊃ État des inscriptions au greffe (nantissement, privilèges et hypothèques).

⊃ Droits de propriété industrielle (FDC, brevets, licences, concessions...).

⊃ Liste des marques et brevets appartenant à l'entreprise.

⊃ Liste des marques et brevets exploités mais appartenant à des personnes extérieures.

⊃ Protection, dépôt à l'INPI.

⊃ Détail des participations financières et derniers éléments financiers.

Informations sur les aspects commerciaux

⊃ Organisation.

⊃ Répartition des ventes, nombre de clients actifs.

⊃ Contrats commerciaux particuliers (concession, franchise, contrat de distribution...).

⊃ Contrats risquant de perturber le bon fonctionnement de l'entreprise en cas de rupture (préavis long, indemnité importante, perte de clientèle significative...).

⊃ Catalogue des produits fabriqués et tarifs.

⊃ Évolution comparée du chiffre d'affaires sur les 24 derniers mois.

⊃ Importance du carnet de commandes.

Informations sur les aspects humains et sociaux

⊃ Convention collective applicable.

⊃ Accord d'entreprise.

⊃ Liste du personnel (copie de la dernière DADS).

⊃ Organigramme.

⊃ Nature des contrats et avantages particuliers consentis (rémunération variable, parachute).

⊃ Mise en place de contrat d'intéressement.

⊃ Mise en place de stock-options.

⊃ Contrat de retraite ou de prévoyance à la charge de l'entreprise.

⊃ Usages en cours dans la société.

⊃ Climat social.

⊃ Instances de représentation du personnel.

Informations sur les contentieux en cours

⊃ Auprès des fournisseurs, des clients, des salariés, des banques et administrations.

⊃ Précisions sur la nature et l'avancée des procédures.

⊃ Précisions sur les risques correspondants pour l'entreprise.

⊃ État des provisions passées.

Informations sur la fiscalité latente

⊃ Régimes de faveur en cours (fusion, apports partiels d'actif, réductions d'impôt soumises à conditions...).

⊃ Régimes fiscaux particuliers (intégration fiscale, régime mère-fille, *carry back*).

⊃ Report à nouveau déficitaire.

⊃ Amortissements différés.

⊃ Crédit d'impôt en sursis (R & D, formation).

Informations sur les engagements donnés ou reçus

⊃ Cautions, avals et garanties diverses.

⊃ Détail des engagements hors bilan.

⊃ Subventions reçues soumises à conditions (créations d'emplois, investissement matériel).

⊃ Banques de l'entreprise et autorisations dont elle bénéficie.

⊃ Assureur de l'entreprise et contrats dont elle bénéficie.

Annexe 2 – Modèle indicatif de lettre d'intention

Monsieur l'acheteur ....

Adresse ....

À l'attention de Monsieur le vendeur ....

Adresse ....

A ...., le ....

Cher Monsieur,

Suite à nos différents entretiens, j'ai le plaisir de vous adresser par la présente l'offre de reprise de.....% des titres de la société « CIBLE ».

Cette reprise se fera par l'intermédiaire d'une société holding détenue majoritairement par moi-même dans les conditions suivantes :

1. DATE DE REPRISE ENVISAGÉE : ....

2. PRIX D'ACQUISITION

Le prix que je vous propose pour l'acquisition de .... % des titres de la société « CIBLE » est de .... €, sur la base d'un niveau de capitaux propres minimum de .... € à la date de reprise.

3. Modalités de règlement du prix

Le prix sera réglé comme suit ....

Le bilan de cession servira de référence à la garantie d'actif et de passif et sera arrêté contradictoirement par votre expert-comptable et un expert que j'aurai mandaté.

4. Accompagnement de la cession

Accompagnement de votre part sur une période de .... mois.

5. Garantie d'actif et de passif

Je vous propose que la garantie d'actif et de passif comporte les conditions suivantes :

- Champ d'application : ....
- Durée : ....
- Plafond : ....
- Seuil de déclenchement : ....
- Garantie de la garantie : ....

6. Clause de non-concurrence et de non-débauchage

Directement ou indirectement sur une durée de .... ans pour vous-même et l'ensemble des cédants.

7. Conditions suspensives

La réalisation définitive de cette acquisition sera soumise aux conditions suspensives suivantes qui devront être insérées dans le protocole d'accord :

- obtention d'un emprunt à concurrence de .... € sur une durée de .... ans à un taux maximal de .... % ;

– la réalisation des audits habituels en matière de transmission d'entreprise sur les plans comptable, fiscal, juridique, social ou environnemental ;

– votre démission de vos fonctions sans indemnité, le jour de la signature des actes définitifs.

8. Planning de réalisation indicatif

En vue d'une cession effective au...................., je vous propose le calendrier des opérations suivant :

– Signature du protocole au plus tard le ....,

– Levées des conditions de financement au plus tard le ....,

– Les audits susvisés achevés au plus tard le ....,

– Cession effective et transfert des titres le ....

Jusqu'à la réalisation de l'opération d'acquisition :

– aucune prime ni distribution de dividendes ne devront intervenir ;

– aucun engagement important ne devra être pris sans mon accord.

J'espère que la présente lettre correspondra à vos attentes, et dans l'affirmative je vous remercie de bien vouloir m'en retourner un exemplaire revêtu de votre signature et de la mention « Bon pour accord » avant le ...., date de validité de la présente.

Formule de politesse

Monsieur (le repreneur)

Le ....

Pour accord

Monsieur (le vendeur)

Annexe 3 – Modèle indicatif de protocole d'accord

En préambule

Il est essentiel de préciser que ce document a été établi en fonction d'une situation spécifique, pour répondre à des objectifs particuliers et qu'il résulte d'une négociation ayant amené chacune des parties à faire des concessions afin d'aboutir au présent protocole d'accord.

Entre les soussignés

Monsieur Le Cédant

né le .... à ....

demeurant à ....

Madame

née le .... à ....

demeurant à ....

ci-après dénommés « Les Cédants »

ENSEMBLE, D'UNE PART,

La société « X »

société anonyme au capital de Y euros

dont le siège social est fixé à ....

immatriculée au registre du commerce et des sociétés sous le numéro ....

représentée aux présentes par Monsieur 1 agissant en qualité de Président du conseil d'administration

ci-après dénommée « La Cessionnaire »

D'AUTRE PART,

IL A ÉTÉ EXPOSÉ ET CONVENU CE QUI SUIT :

EXPOSÉ

1.1 La société « Cible » a actuellement un capital de Y euros divisé en Z actions d'une valeur nominale de 100 euros chacune, réparties ainsi qu'il suit :

Monsieur Le Cédant	3 072 actions
Madame	1 280 actions
La société « X »	3 642 actions
Monsieur 1	2 actions
Monsieur 2	2 actions
Monsieur 3	2 actions
Total :	**8 000 actions**

Les actions sont toutes de même catégorie.

Elles sont libres de tout gage, nantissement ou autre sûreté quelconque et sont librement cessibles sous réserve de l'agrément prévu à l'article 11 des statuts de la société.

1.2 La société « Cible » est constituée sous forme de société anonyme à conseil d'administration, immatriculée au registre du commerce et des sociétés de ....

Le conseil d'administration est composé de trois administrateurs :
- Monsieur Le Cédant
- Madame
- Monsieur 1

Monsieur A et Monsieur B ont été nommés en qualité de commissaire aux comptes titulaire et de commissaire aux comptes suppléant par l'assemblée générale ordinaire annuelle en date du ....

1.3 L'exercice social de la société commençait le premier avril pour se terminer le trente et un mars de chaque année. Par décision de l'assemblée générale mixte du ...., les dates d'ouverture et de clôture de l'exercice social ont été modifiées. L'exercice social commence désormais le premier octobre pour se terminer le trente septembre. L'exercice social en cours et ouvert au 1er avril N est clos ce jour.

Les comptes de la société pour son exercice clos le 31 mars N ont été approuvés par l'assemblée générale mixte en date du 24 septembre N, et ont été certifiés sans réserve par le commissaire aux comptes de la société.

Par ailleurs, il n'a été décidé aucune mise en distribution de dividendes.

Les comptes de l'exercice clos le 31 mars N qui faisaient apparaître :
    – un chiffre d'affaires HT de .... euros,
    – un résultat net comptable de .... euros,
sont annexés aux présentes (annexe 1).

Les comptes de la société « Cible » pour ses exercices précédents ont été mis à disposition et communiqués au cessionnaire et à ses Conseils.

1.4 La société « Cible » a pour activité .... et est propriétaire de son fonds pour l'avoir créé.

Cette activité est exploitée à partir des locaux sis à .... et pour lesquels la société dispose d'un bail commercial dont le terme est fixé au 30 novembre N + 5 (annexe 2).

L'ensemble de ces locaux sont la propriété d'une société civile immobilière dénommée « SCI », société civile immobilière au capital de Y euros, immatriculée au registre du commerce et des sociétés de .... La société « Cible » est propriétaire de Z parts sur les W parts composant le capital de la société « SCI », les autres parts étant cédées à la société « Cible » par Monsieur Le Cédant et par Monsieur 1 par actes séparés en date de ce jour.

La société « Cible » exploite son activité sans enseigne autre que sa propre dénomination sociale.

1.5

1. L'effectif de la société « Cible » est, au jour des présentes, des salariés.

La société est soumise à la Convention Collective de ....

Est annexée aux présentes la liste du personnel (nom, prénom, ancienneté, fonctions, coefficient) (annexe 3).

2. Par ailleurs, il est rappelé que la société « X » est titulaire de Z actions de la société « Cible » suite à l'apport desdits titres par Monsieur 1 à hauteur de W actions sur les Z actions qu'il détenait, et par Messieurs 2 et 3 à hauteur chacun de Y actions sur les X actions qu'ils ont acquises dans le courant du mois de septembre N auprès de divers minoritaires.

3. La présente convention a pour objet de définir les conditions et modalités de la cession des Y actions des Cédants permettant ainsi la cession de contrôle de la société « Cible » au profit de la société « X ».

CECI EXPOSÉ, IL A ÉTÉ CONVENU CE QUI SUIT :

CONVENTION

Préalablement, les parties soussignées conviennent d'un certain nombre de définitions :

SOCIÉTÉ	La société « Cible »
ACTIONS	Les Y actions composant le capital de la société et dont sont titulaires les cédants
CÉDANTS	Monsieur Le Cédant et Madame
CESSIONNAIRE	La société « X »
JOUR DE RÉALISATION	Date à laquelle interviendra le transfert de propriété des actions, soit le 30 septembre N
SITUATION COMPTABLE	Situation comptable de la société au jour de réalisation, soit le 30 septembre N, qui sera arrêtée contradictoirement entre les parties

TITRE I
CESSION DE CONTRÔLE

Article 1 — CESSION

Les cédants cèdent et transportent à la cessionnaire, qui accepte, sous les garanties de droit et conventionnelles ci-après définies, les actions de la société.

Article 2 — TRANSFERT DE PROPRIÉTÉ – JOUISSANCE

D'un commun accord entre les parties soussignées, la cessionnaire aura la propriété et la jouissance des actions au jour de réalisation, soit le 30 septembre N.

Il est précisé que les actions cédées sont des actions coupon afférent à l'exercice clos le 31 mars N attaché, et qu'aucune distribution de dividendes n'est intervenue depuis le 1er avril N.

ARTICLE 3 — PRIX

La présente cession est consentie et acceptée moyennant un prix de ....

ARTICLE 4 — MODALITÉS DE PAIEMENT

À la signature des présentes, la cessionnaire verse :

- à Monsieur Le Cédant, la somme de ....
- à Madame La Cédante, la somme de ....

Chacun en ce qui le concerne lui en donne bonne et valable quittance.

ARTICLE 5 — SITUATION COMPTABLE

Il sera arrêté une situation comptable de la société au jour de réalisation, soit le 30 septembre N.

En application du principe comptable de permanence des méthodes, cette situation sera arrêtée selon les mêmes formes, les mêmes méthodes de présentation, les mêmes modes d'évaluation et les mêmes procédures internes que les comptes annuels au 31 mars N.

Cette situation comptable devra être établie en parfaite conformité avec les règles et normes comptables en vigueur, ainsi que dans le respect des principes comptables.

L'évaluation des éléments incorporels telle que ressortant de ces comptes ne fera l'objet d'aucune modification.

Par ailleurs, les parties soussignées conviennent du planning suivant :

⊃ Un inventaire contradictoire des stocks au 30 septembre N est en cours, et donnera lieu à la signature par les parties soussignées d'un procès-verbal avant le 8 octobre N.

⮌ Les Cédants et leurs Conseils disposeront ensuite d'un délai de deux mois, soit jusqu'au 30 novembre N, pour établir un projet de situation comptable et le communiquer à la cessionnaire.

Pour ce faire, les Cédants et leurs Conseils pourront avoir accès à l'entreprise ainsi qu'à toutes informations et tous documents nécessaires à l'établissement de la situation comptable.

⮌ La cessionnaire disposera alors avec ses Conseils d'un délai de quinze jours, soit jusqu'au 15 décembre N, pour notifier ses observations et points de désaccord sur le projet de situation comptable.

⮌ À défaut d'observations ou points de désaccord, la situation comptable se trouvera définitivement arrêtée au 15 décembre N.

Dans l'hypothèse inverse, les parties soussignées disposeront d'un nouveau délai de quinze jours, soit jusqu'au 31 décembre N, pour confronter leurs positions et arrêter de manière définitive la situation comptable.

⮌ À défaut d'accord entre les parties soussignées pour le 31 décembre N, la situation comptable sera établie de manière définitive par un tiers expert-comptable désigné par Monsieur le Président du tribunal de grande instance de ...., à la requête de la partie la plus diligente.

Le tiers expert désigné disposera d'un délai d'un mois suivant sa désignation pour arrêter la situation comptable de manière définitive.

La situation comptable ainsi arrêtée de manière contradictoire au 30 septembre N n'aura d'effet qu'entre les parties soussignées pour l'application des présentes conventions, et essentiellement des stipulations du titre II ci-dessous.

Par ailleurs, il est précisé que ladite situation n'aura pas d'incidence sur le prix défini à l'article 4 ci-dessus.

Les organes sociaux de la société « Cible » conserveront toute liberté pour arrêter, le cas échéant de manière différente, les comptes de la société au 30 septembre N.

Article 6 – NON-CONCURRENCE

Monsieur et Madame Le Cédant s'interdisent de collaborer ou de s'intéresser, directement ou indirectement ou par toute personne interposée, sous quelque forme que ce soit, aussi bien par leur activité personnelle, leurs conseils même en qualité de salariés, que par l'emploi de capitaux, y compris de simples prises de participation, pour une période de 5 (cinq) années à compter du jour de la cession des titres sociaux, à une entreprise ayant une activité identique ou concurrente de celle de la société sur le territoire européen.

Toutefois, la cessionnaire déclare être informée de la participation de Monsieur Le Cédant dans la société « X », société immatriculée au registre du commerce et des sociétés de ...., et dont l'activité est la commercialisation de ....

Article 7 – RÉALISATION

Ce jour, dès après la réalisation des présentes, et ainsi que s'y engagent les cédants, il sera procédé à la signature des ordres de mouvement des cessions d'actions prévues aux présentes.

De même, Monsieur Le Cédant et Madame née .... remettront leur démission de leurs mandats sociaux dans la société, une assemblée générale ordinaire et un conseil d'administration de la société ayant été convoqués pour procéder à la nomination des nouveaux mandataires sociaux.

Enfin et toujours dès après la signature des présentes, seront remis à la cessionnaire :

⊃ le registre des présences au conseil d'administration,

⊃ le registre des procès-verbaux des délibérations du conseil d'administration,

⊃ le registre des procès-verbaux des délibérations des assemblées générales,

⊃ la comptabilité titres de la société,

⊃ les carnets de chèques bancaires ou postaux de la société après constatation contradictoire du dernier chèque émis sur chacun de ces comptes,

⊃ les cartes bancaires et tous autres moyens de paiement ou de crédit de la société dont sont possesseurs les cédants,

⊃ et plus généralement, l'ensemble des documents sociaux.

TITRE II
DÉCLARATIONS ET GARANTIES

ARTICLE 8 – GARANTIE GÉNÉRALE CONTRACTUELLE

8.1 Les cédants ont fait à la cessionnaire les déclarations suivantes considérées par la cessionnaire comme une condition substantielle et déterminante de son consentement à la présente convention.

8.1.1 Sur la situation juridique de la société – constitution et fonctionnement

⊃ que la société « Cible » est régulièrement constituée et que son extrait d'immatriculation au registre du commerce et des sociétés annexé aux présentes (annexe 4) est à jour de toutes mentions, aucune décision collective n'étant susceptible à ce jour de modifier l'une de ces mentions ;

⊃ que les formalités liées au changement de date d'ouverture et de clôture de l'exercice social (ouverture au 1er octobre, clôture au 30 septembre) ont été régulièrement réalisées ;

⊃ que la société cédée est en possession de l'ensemble des registres légaux requis tant en matière comptable que juridique ou sociale ;

⊃ que la société n'est soumise à aucune autorisation et ne dépend, pour la poursuite de son activité, d'aucune licence ou homologation.

8.1.2 Sur les actions

⊃ que les cédants sont, chacun en ce qui le concerne, propriétaires et titulaires inscrits des titres cédés par chacun d'eux à la cessionnaire ;

⊃ que l'ensemble des actions de la société « Cible », objet de la présente cession, ont été émises régulièrement et sont entièrement libérées ; qu'elles sont libres de tout gage, nantissement, droit de préemption ou opposition comme de tout autre droit quelconque en faveur d'un tiers ;

⊃ que les cédants ont à ce jour la pleine capacité et le droit de vendre leurs titres à la cessionnaire ;

⊃ que la société n'a pas émis de valeur mobilière susceptible de donner lieu, de manière immédiate ou différée, à la souscription ou l'attribution, à tout moment ou à date fixe, de titres qui, à cet effet, auraient été mis en représentation de son capital ;

⊃ qu'il n'existe aucun pacte d'actionnaires, droit de préférence ou autre convention spécifique entre tout ou partie des cédants.

8.1.3 Sur la participation

⊃ que la société cédée ne détient aucune participation en capital au sein d'une autre société, à l'exception de Y parts sociales sur les Z parts sociales composant le capital social de la société « SCI », société civile immobilière au capital de W euros, dont le siège social est situé à ...., immatriculée au registre du commerce et des sociétés de .... sous le numéro ...., et qui est propriétaire de l'ensemble immobilier dans lequel la société « Cible » exploite son activité.

8.1.4 Sur la dénomination sociale

⊃ que la société est propriétaire de sa dénomination sociale pour l'avoir créée, et qu'elle ne peut être contestée, car elle n'enfreint pas le droit de premier usage d'une personne morale, ni les droits d'un quelconque titulaire de marque ou de nom patronymique.

8.1.5 Sur la comptabilité

⊃ que les comptes sociaux sont normalement tenus selon les usages normaux et courants du commerce, et conformément aux lois et règlements en vigueur en la matière ;
⊃ que les écritures comptables ont été passées conformément aux principes de prudence ;
⊃ que toutes les provisions relevant d'une bonne gestion comptable et financière ont été constatées dans les écritures comptables et, en particulier, toutes les provisions nécessaires ont été faites pour toute imposition directe ou indirecte grevant ou pouvant grever la société, notamment dans ses derniers comptes annuels au 31 mars N, et qu'il en sera de même dans la situation comptable qui sera arrêtée au 30 septembre N ;
⊃ que toutes les créances de la société sont certaines et exigibles à l'exception de celles qui ont donné lieu à constitution de provisions ;

⊃ que la société a régulièrement effectué toutes les déclarations fiscales, sociales ou autres prescrites par la réglementation qui lui est applicable ;

⊃ que la société est valablement et légitimement proprié-taire, sans contestation à naître ou en cours, sans aucune restriction ni réserves quelconques, de tous les éléments d'actif à son bilan au 31 mars N et à celui qui sera établi au 30 septembre N.

8.1.6 Sur les contrôles

⊃ que la société est en règle de tous les versements et n'a reçu à ce jour aucune notification de redressement ou de contrôle fiscal ou social.

8.1.7 Sur les assurances

⊃ que la société cédée a souscrit, pour des montants suffisants, des polices d'assurances d'usage en couverture de tous les risques auxquels sont exposés les biens et son exploitation, ainsi que de tous dommages matériels ou corporels pouvant être causés à des tiers, qu'elle n'a rien fait ni omis qui puisse rendre ces assurances nulles ou inefficaces, et qu'en particulier, elle a régulièrement acquitté les primes correspondantes, les contrats souscrits étant ci-après annexés (annexe 5) ;

⊃ que l'ensemble des contrats d'assurances souscrits par la société ou dont les primes étaient acquittées par la société, liés à la personne des cédants tels que des contrats dits « homme clef » ou relevant des articles 82 et 83 du Code général des impôts, sont à ce jour résiliés, sans que cette résiliation ait présenté un coût quelconque pour la société.

8.1.8 Sur la propriété incorporelle et intellectuelle

⊃ que la société est propriétaire de tous les éléments de propriété intellectuelle utiles conformément au Code de la propriété intellectuelle et/ou justifie d'un droit d'utilisation sur lesdits éléments;

⊃ que les moyens techniques ou technologiques mis en œuvre par la société le sont dans le respect des droits de propriété intellectuelle ou industrielle des tiers.

8.1.9 Sur les matériels, installations et équipements
⊃ que la société est propriétaire du matériel, des installations et des équipements figurant au bilan au 31 mars N et à celui qui sera établi au 30 septembre N, lesquels sont en état normal d'utilisation, d'entretien et de réparations, et sont conformes aux prescriptions légales ou réglementaires qui leur sont applicables.

Les documents de la société «SA» relatifs à la mise aux normes et à la conformité des installations électriques sont annexés aux présentes (annexe 6) et la cessionnaire déclare en avoir pris connaissance.

8.1.10 Sur les engagements, cautions et sûretés
⊃ qu'elle n'est tenue par aucun engagement de caution, aval, garantie ou tout autre engagement hors bilan, pour l'exécution des engagements contractés par des tiers ou par ses actionnaires, ses dirigeants ou les membres de son personnel;

⊃ que les éléments d'actif mobilier ne font l'objet, à ce jour, d'aucun gage ou nantissement et que les actifs immobiliers ne sont grevés à ce jour d'aucune hypothèque, servitude ou droit quelconque au profit de tiers, à l'exception de ce qui est indiqué à l'article 8.1.11 ci-après.

8.1.11 Sur les inscriptions
⊃ à l'exception des inscriptions figurant sur l'état récapitulatif ci-après annexé (annexe 7), il n'existe ni hypothèques, ni gages ou charges ou droits en faveur d'un tiers affectant les actifs ou les immobilisations de la société.

8.1.12 Sur les contrats en cours

⊃ que la cession des titres n'aura aucune incidence sur les contrats existant entre la société et des tiers, et qu'il n'existe aucun contrat auquel la société est partie, prévoyant une résiliation anticipée en cas de changement de majorité au sein de la société ou en cas de modification dans la composition des organes d'administration, de direction ou de gestion de la société;

⊃ que les cédants n'ont donné au profit de la société aucun engagement telles cautions ou autres garanties dont le maintien conditionnerait la poursuite de tout contrat ou engagement en cours au bénéfice de la société tels que des emprunts ou des lignes de crédit.

8.1.13 Sur les comptes courants

⊃ que les actionnaires de la société « Cible » ne possèdent pas de compte courant dans les écritures de la société.

8.1.14 Sur les engagements commerciaux

⊃ que les engagements de ce type ont été souscrits dans l'intérêt de la société.

8.1.15 Sur les déclarations sur la conduite des affaires

⊃ que, dans la conduite de ses affaires, la société n'a pas porté atteinte aux droits des tiers et s'est toujours acquittée de ses obligations contractuelles ou autres.

En conséquence, qu'il n'existe aucune action, procédure, réclamation ou recours judiciaires ou administratifs, ni de sentences ou de jugements à l'encontre de la société à ce jour.

8.1.16 Sur les stocks

⊃ que les stocks apparaissant au bilan de la société au 31 mars N et à celui qui sera établi au 30 septembre N ont été et seront inventoriés conformément aux méthodes en usage dans la profession;

⊃ que les stocks de la société sont composés de marchandises en quantité suffisante et de qualité loyale et marchande pouvant être utilisées et vendues dans le cours normal des affaires ;

⊃ que la valeur des éléments obsolètes et de ceux dont la qualité est inférieure aux standards a été fixée soit en tenant compte de leur valeur vénale, soit en constituant les provisions nécessaires.

8.1.17 Sur le personnel et la législation du travail

⊃ qu'il n'existe aucun litige judiciaire, ni même de déclaration de la part d'un des membres actuels ou anciens du personnel ;

⊃ que l'ensemble des contrats de travail actuellement conclus le sont dans le respect de la réglementation applicable à chaque catégorie de travail ;

⊃ qu'il n'existe aucun accord d'intéressement conclu avec le personnel de la société ;

⊃ que la société est en règle avec la législation du travail et plus particulièrement avec l'ensemble des dispositions sociales qui lui sont applicables ;

⊃ que la société est à jour de l'ensemble de ses obligations et cotisations sociales ;

⊃ que les cédants n'avaient pas au sens du droit du travail et de la convention collective la qualité de salariés de la société, et que leur départ de la société et éventuellement la prise de leurs droits à retraite n'auront aucune incidence financière pour la société.

8.1.18 Sur la gestion de la période intermédiaire

Les cédants déclarent qu'entre le 1er avril N et ce jour, la société a été gérée et administrée en bon père de famille, qu'il n'a été conclu que des actes de gestion courants et normaux et qu'il n'a été procédé à aucun acte de dispositions d'éléments d'actif immobilisés significatifs.

8.1.19 Sur les moyens de paiement de la société

⊃ que les cédants ont remis à la signature des présentes l'ensemble des carnets de chèques bancaires ou postaux de la société, ainsi que les cartes bancaires et tous autres moyens de paiement ou de crédit de la société dont ils étaient possesseurs ;

⊃ que les abonnements de téléphones portables de la société et dont ils avaient l'usage ont été résiliés.

8.2 Les cédants garantissent à la cessionnaire l'exactitude de l'ensemble des déclarations ci-dessus, et s'engagent à indemniser la cessionnaire de tous préjudices directs ou indirects qu'elle pourrait subir du fait de l'inexactitude, de l'absence de sincérité ou du caractère incomplet de ces déclarations.

8.3 Bénéficiaire de la garantie

La garantie visée au présent article 8 est consentie au bénéfice de la cessionnaire. Néanmoins, les cédants s'engagent, selon les instructions de la cessionnaire, à reverser dans la caisse sociale l'ensemble des indemnisations issues de l'application de cette garantie, ou à les lui verser directement.

TITRE III

DISPOSITIONS GÉNÉRALES

Article 9 — REPRÉSENTATION

Ainsi qu'y consentent les cédants pour l'exécution de l'article ci-dessus, les cédants seront valablement représentés par Monsieur Le Cédant.

Article 10 — CONFIDENTIALITÉ

Les parties soussignées s'engagent à considérer le présent protocole comme confidentiel et s'interdisent en conséquence de le communiquer ou d'en révéler la teneur à tout tiers, sauf pour les besoins de l'exécution des présents engagements ou sauf accord mutuel.

De même, le présent protocole pourra être communiqué aux différents intervenants pour l'établissement de la situation comptable.

Article 11 – FRAIS ET CHARGES

Les parties soussignées conserveront à leur charge les frais et honoraires relatifs à l'intervention de leurs Conseils.

Les honoraires d'experts-comptables liés à l'arrêté de la situation comptable et les frais relatifs au changement des organes sociaux et aux formalités légales ainsi qu'à l'exécution du présent protocole seront à la charge de la société « Cible ».

Article 12 – NULLITÉ

Pour le cas où par impossible une ou plusieurs des clauses de la présente convention seraient annulées par décision judiciaire passée en force de chose jugée, la nullité de la clause n'entraînera pas la nullité de la présente convention.

Article 13 – NOTIFICATION

Toute notification réalisée pour l'exécution des présentes, devra se faire par lettre recommandée avec accusé de réception ou remise en main propre contre décharge, au domicile élu par chacune des parties correspondant à leur domicile ou siège tel qu'indiqué en tête des présentes, ou à tout nouveau domicile élu notifié aux autres parties dans les mêmes formes.

Article 14 – DÉCÈS – SOLIDARITÉ DES CÉDANTS

En cas de décès des cédants avant l'expiration du délai des présentes garanties, il y aura solidarité et indivisibilité entre tous leurs héritiers, représentants et ayants droit, comme aussi entre chacun de ces derniers et tous autres coobligés pour le paiement de la totalité des sommes dues au titre de la présente convention.

Au titre des présentes, les cédants s'engagent conjointement et solidairement entre eux.

Article 15 — CONTESTATIONS

1 — Tout différend survenant à l'occasion du présent protocole d'accord et relatif à son interprétation ou à son exécution, et plus particulièrement tous litiges auxquels la convention de garantie d'actif net pourra donner lieu, sera soumis à arbitrage.

2 — La partie qui entend soumettre un différend à l'arbitrage adressera ses demandes à l'autre partie par lettre recommandée avec accusé de réception, en indiquant le nom et l'adresse de l'arbitre qu'elle aura désigné.

Dans les quinze jours de la réception de cette lettre, l'autre partie devra faire connaître à la partie demanderesse, par lettre recommandée avec accusé de réception, le nom et l'adresse de son arbitre.

Dans les quinze jours de la réception de la lettre de la partie défenderesse, les deux arbitres désigneront d'un commun accord un troisième arbitre qui présidera le tribunal arbitral. Ce troisième arbitre devra posséder une bonne pratique du droit des affaires et de la comptabilité.

Toutefois, les parties soussignées pourront s'accorder sur un arbitre unique qui devra présenter les mêmes caractéristiques que le troisième arbitre.

3 — En cas de refus ou de retard de l'une des parties de désigner un arbitre ou en cas de désaccord des deux arbitres sur la désignation du troisième arbitre, ces arbitres seront désignés à la requête de la partie la plus diligente par le Président du tribunal de grande instance de ....

4 – En cas de révocation, décès, empêchement, perte du plein exercice des droits civils, abstention ou récusation d'un arbitre (article 1464 1° et 2° du Nouveau Code de procédure civile), l'instance arbitrale se poursuit. Dans ces cas, la désignation de l'arbitre de remplacement sera faite dans les quinze jours suivant l'événement en cause, par la ou les parties à qui la désignation d'origine incombait.

5 – Le tribunal arbitral statuera en droit, il devra rendre sa sentence arbitrale dans les deux mois de sa complète désignation.

6 – Le tribunal arbitral pourra désigner tous experts.

7 – Le tribunal arbitral décidera par qui et dans quelle proportion seront supportés tous les frais et honoraires des arbitres, experts et conseils des parties, occasionnés par l'arbitrage.

8 – Les sentences du tribunal arbitral seront susceptibles d'appel dans les conditions de l'article 1486 du Nouveau Code de procédure civile. Dans le cas visé à l'article 1485 du Nouveau Code de procédure civile, la juridiction saisie statuera sur le fond.

Les sentences du tribunal arbitral seront assorties de l'exécution provisoire.

9 – Le tribunal arbitral sera dispensé de déposer sa sentence qui devra simplement être notifiée aux parties par lettre recommandée avec accusé de réception, à leur domicile élu, ou, à défaut, au domicile ou au siège de chacune d'elles.

10 – Toutes difficultés relatives à la mise en œuvre du présent article ou au déroulement de la procédure d'arbitrage peuvent être portées devant le Président du tribunal de grande instance de .... selon les modalités de l'article 1457 du Nouveau Code de procédure civile.

ARTICLE 16 — LISTE DES ANNEXES

Sont annexés au présent protocole et sont paraphés par les parties les documents suivants :

⊃ Annexe 1 : comptes de l'exercice clos au 31 mars N
⊃ Annexe 2 : bail commercial
⊃ Annexe 3 : liste du personnel
⊃ Annexe 4 : extrait K bis d'immatriculation de la société au RCS
⊃ Annexe 5 : contrats d'assurances
⊃ Annexe 6 : documents de la société « SA »
⊃ Annexe 7 : état des inscriptions de privilèges et nantissements

ARTICLE 17 — AFFIRMATION DE SINCÉRITÉ

Les parties soussignées affirment, sous les peines édictées par l'article 1837 du Code général des impôts, que le présent acte exprime l'intégralité du prix convenu et qu'elles sont informées des sanctions encourues en cas d'inexactitude de cette affirmation.

ARTICLE 18 — ENREGISTREMENT

Conformément à l'article 726 du Code général des impôts, la cessionnaire soumettra la présente cession au droit de x % plafonné à 20 000 euros, et en justifiera aux cédants.

Fait en deux exemplaires originaux

dont un pour chacune des parties

Annexe 4 – Synthèse grille d'analyse

Le questionnaire ci-dessous permet d'apprécier la qualité du projet et ses chances de succès. Répondez-y en cochant les réponses qui correspondent à votre projet.

À chaque question correspond une réponse du type A, B ou C dont la signification est la suivante :

A= Satisfaisant   B = Neutre   C = Non satisfaisant

Puis calculez le nombre de réponses positives et négatives. Cela vous donnera une appréciation sur la qualité de votre projet et ses chances de succès.

Le préambule à la reprise

⊃ Pourquoi le repreneur souhaite-t-il reprendre une entreprise ?
A ☐ Volonté d'entreprendre
B ☐ Souhait de quitter une situation de salarié inconfortable
C ☐ Chômage

⊃ Quel âge a-t-il ?
A ☐ 35 à 45 ans
C ☐ < 25 ans ou > 55 ans
B ☐ Autre réponse

⊃ A-t-il déjà repris une affaire dans le passé pour lui-même ou pour le compte d'un employeur ?
A ☐ Oui, pour son propre compte
B ☐ Oui, en qualité de salarié
C ☐ Non

⤴ A-t-il une expérience dans le management ?
A ☐ Oui   C ☐ Non

⤴ Quel est le niveau de ses compétences financières pour les analyses de dossiers ?
A ☐ Bon
B ☐ Moyen
C ☐ Mauvais

⤴ A-t-il complété sa formation ou mis à jour ses connaissances en vue de son projet de reprise ?
A ☐ Oui   C ☐ Non

⤴ Le repreneur a-t-il bien analysé les conséquences de la reprise d'une entreprise sur le plan personnel et familial ?
A ☐ Oui   C ☐ Non

⤴ L'entourage familial appuie-t-il la décision ?
A ☐ Oui   C ☐ Non

	Nombre de réponses	%	Si A + B	
A =			≥ 80 %	Très bien
B =			≥ 65 % < 80 %	Correct
C =			≥ 50 % < 65 %	Danger
Total	8	100	< 50 %	Alarme

La recherche de la cible

⤴ Depuis combien de temps le repreneur cherche-t-il ?
C ☐ < 6 mois
A ☐ 6 à 18 mois
B ☐ > 18 mois

⟳ A-t-il constitué une équipe de conseillers pluridiscipli-
naires autour de lui ?

A ☐ Oui   C ☐ Non

⟳ Est-il suffisamment disponible pour se consacrer à la
recherche de la cible ?

A ☐ Oui   C ☐ Non

⟳ Des contacts avec les cabinets spécialisés en transmission ont-ils été pris ?

A ☐ Oui   C ☐ Non

⟳ L'étude des dossiers de reprise est-elle structurée et
rigoureuse ?

A ☐ Oui   C ☐ Non

⟳ La cible qu'il recherche est-elle en adéquation avec son
expérience professionnelle et son savoir-faire en termes
de management ?

A ☐ Oui   C ☐ Non

⟳ Est-elle en phase avec ses moyens financiers ?

A ☐ Oui   C ☐ Non

⟳ Combien de dossiers a-t-il étudiés de manière
approfondie ?

A ☐ > à 5

B ☐ 2 à 5

C ☐ Un seul

	Nombre de réponses	%	Si A+B	
A =			≥ 80 %	Très bien
B =			≥ 65 % < 80 %	Correct
C =			≥ 50 % < 65 %	Danger
Total	8	100	< 50 %	Alarme

L'approche de la cible

⊃ Quelles sont les motivations du vendeur ?

A ☐ Départ à la retraite

B ☐ Perte de motivation, fatigue, impression d'être dépassé

C ☐ Souhait de réaliser une plus-value

C ☐ Décès – Maladie ou motivations inconnues

⊃ La cible est-elle à vendre depuis longtemps ?

A ☐ < 6 mois   B ☐ > 6 mois < 18 mois   C ☐ >18 mois

⊃ Le ou les repreneurs ont-ils une expérience dans le même métier ?

A ☐ Oui   C ☐ Non

⊃ Le ou les repreneurs ont-ils eu une expérience dans une entreprise de taille comparable ?

A ☐ Oui   C ☐ Non

⊃ Existe-t-il un lien de proximité avec le cédant ?

A ☐ Membre de la famille   B ☐ Salarié

C ☐ Aucun

⊃ Quelle est la taille de l'entreprise ?

A ☐ < 50 salariés   B ☐ > 50 < 100 salariés

C ☐ > 100 salariés

⊃ Les hommes clés ont-ils été rencontrés ?

A ☐ Oui   C ☐ Non

	Nombre de réponses	%	Si A+B	
A =			≥ 80 %	Très bien
B =			≥ 65 % < 80 %	Correct
C =			≥ 50 % < 65 %	Danger
Total	7	100	< 50 %	Alarme

Le diagnostic de la cible et de son potentiel

⊃ Est-on dans un métier fortement capitaliste, innovant ou à évolution technologique rapide, dépendant d'effets de mode ou à forte saisonnalité ?
A ☐ Non   C ☐ Oui

⊃ Une étude de marché et du secteur a-t-elle été réalisée ?
A ☐ Oui   C ☐ Non

⊃ Conclusions ?
A ☐ Positives   B ☐ Neutres   C ☐ Négatives

⊃ Un diagnostic général et fonctionnel de l'entreprise a-t-il été conduit ?
A ☐ Oui   C ☐ Non

⊃ Conclusions ?
A ☐ Positives   B ☐ Neutres   C ☐ Négatives

⊃ Un diagnostic financier avec un recul suffisant a-t-il été entrepris ?
A ☐ Oui   C ☐ Non

⊃ Conclusions ?
A ☐ Positives   B ☐ Neutres   C ☐ Négatives

⊃ L'entreprise possède-t-elle encore un bon potentiel de développement ?
A ☐ Oui   C ☐ Non

⊃ L'entreprise dépend-elle en la matière d'une ou deux personnes clés ?
A ☐ Non   C ☐ Oui

⊃ Des audits approfondis ont-ils été réalisés et par qui ?
A ☐ Audit personnel et professionnel
B ☐ Audit personnel seul
C ☐ Aucun audit

⊃ Conclusions sur la nature et le contenu des audits ?
A ☐ Positives   B ☐ Neutres   C ☐ Négatives

	Nombre de réponses	%	Si A+B	
A =			≥ 80 %	Très bien
B =			≥ 65 % < 80 %	Correct
C =			≥ 50 % < 65 %	Danger
Total	11	100	< 50 %	Alarme

L'approche de la valeur et du prix

⊃ La valeur de l'entreprise n'est-elle pas trop dépendante de la personnalité du cédant ?
A ☐ Non   C ☐ Oui

⊃ L'entreprise n'est-elle pas trop dépendante d'un client ?
A ☐ Non   C ☐ Oui

⊃ L'entreprise n'est-elle pas trop dépendante d'un fournisseur ?
A ☐ Non   C ☐ Oui

⊃ Qui a déterminé le prix ?
A ☐ L'acheteur et ses conseils
B ☐ Le repreneur et le cédant en concertation
C ☐ Le vendeur et ses conseils

⊃ Existe-t-il sur les cinq dernières années une régularité dans les résultats retraités ?
A ☐ Oui   C ☐ Non

⊃ La valeur est-elle supérieure à 7 fois les résultats nets moyens retraités des 2 derniers exercices ?
A ☐ Non   C ☐ Oui

⊃ Le prix convenu comprend-il le résultat de l'année en cours ?

A ☐ Oui   C ☐ Non

	Nombre de réponses	%	Si A+B	
A =			≥ 80 %	Très bien
B =			≥ 65 % < 80 %	Correct
C =			≥ 50 % < 65 %	Danger
Total	7	100	< 50 %	Alarme

Le protocole de reprise et les garanties associées

⊃ Le cédant a-t-il accepté de procéder à une série de déclarations en vue de garantir le repreneur contre tous les actes passés ou futurs de son fait, qui risqueraient d'être préjudiciables à l'entreprise comme au repreneur ?

A ☐ Oui   C ☐ Non

⊃ Le repreneur a-t-il négocié une clause de non-concurrence significative ?

B ☐ Pour le cédant seul

A ☐ Pour le cédant, sa famille et les hommes clés

C ☐ Aucune

⊃ Le repreneur a-t-il négocié une clause de non-débauchage ?

A ☐ Oui   C ☐ Non

⊃ Le repreneur bénéficie-t-il d'une garantie de bilan d'un montant et d'une durée suffisants ?

A ☐ Oui   C ☐ Non

⊃ Le montant de la franchise de mise en jeu n'est-il pas trop important ?

A ☐ Non   C ☐ Oui

⊃ Existe-t-il une garantie assurant la mise en jeu de la garantie de bilan, du type de caution bancaire ou crédit vendeur ?

A ☐ Oui   C ☐ Non

⊃ Les conditions de mise en jeu sont-elles clairement définies et rapides à mettre en œuvre ?

A ☐ Oui   C ☐ Non

	Nombre de réponses	%	Si A+B	
A =			≥ 80 %	Très bien
B =			≥ 65 % < 80 %	Correct
C =			≥ 50 % < 65 %	Danger
Total	7	100	< 50 %	Alarme

La reprise effective

⊃ Le cédant procédera-t-il à un accompagnement du repreneur ?

A ☐ Oui   C ☐ Non

⊃ Combien de temps restera-t-il dans l'entreprise ?

   – Si reprise par un professionnel du secteur :

     A ☐ 1 à 3 mois   C ☐ > 3 mois

   – Si reprise par un non professionnel du secteur :

     A ☐ 4 à 6 mois

     B ☐ 6 à 12 mois

     C ☐ 1 à 3 mois

     C ☐ > 12 mois

⊃ Le repreneur est-il un animateur, un meneur d'hommes et un bon communicant ?
A ☐ Oui   C ☐ Non

⊃ Le repreneur sera-t-il capable de répondre aux incertitudes et aux inquiétudes des salariés ?
A ☐ Oui   C ☐ Non

⊃ A-t-il défini les actions prioritaires à mener ?
A ☐ Oui   C ☐ Non

⊃ Les clients et fournisseurs significatifs seront-ils rencontrés rapidement avec le cédant ?
A ☐ Oui   C ☐ Non

⊃ De nouveaux clignotants de gestion seront-ils mis en place ?
A ☐ Oui   C ☐ Non

	Nombre de réponses	%	Si A + B	
A =			≥ 80 %	Très bien
B =			≥ 65 % < 80 %	Correct
C =			≥ 50 % < 65 %	Danger
Total	8	100	< 50 %	Alarme

Le montage juridique et fiscal

⊃ La reprise s'effectue-t-elle en société ou en nom propre ?
A ☐ En société
C ☐ En nom propre

⊃ S'agit-il d'une reprise partielle ou totale ?
A ☐ Totale   C ☐ Partielle

⊃ Le repreneur s'associe-t-il avec des personnes extérieures ?

A ☐ Non, il aura 100 % du capital

B ☐ Oui, avec sa famille

B ☐ Oui, avec un ou plusieurs fournisseurs du secteur

C ☐ Oui, avec des personnes rencontrées à l'occasion de ses recherches

⊃ Le cédant garde-t-il des liens financiers avec l'entreprise ?

A ☐ Non

B ☐ Oui, par le biais d'un crédit vendeur à la société d'exploitation

C ☐ Oui, en tant qu'actionnaire du holding ou de la cible

⊃ En cas de pluralité d'actionnaires, un pacte d'actionnaires est-il prévu ?

A ☐ Oui   C ☐ Non

⊃ Détient-il seul, ou avec ses associés, suffisamment de titres pour pouvoir opter pour l'intégration fiscale ?

A ☐ Oui   C ☐ Non

⊃ Comment les crédits seront-ils remboursés ?

A ☐ Par distribution de dividendes (actionnaire disposant de plus de 90 % du capital)

A ☐ Par prélèvement direct sur la CAF, s'agissant d'une reprise de fonds de commerce

B ☐ Par distribution de dividendes (actionnaire disposant de 70 à 90 % du capital)

C ☐ Par distribution de dividendes (actionnaire disposant de moins de 70 % du capital)

C ☐ Par prélèvement de sursalaires

	Nombre de réponses	%	Si A+B	
A =			≥ 80 %	Très bien
B =			≥ 65 % < 80 %	Correct
C =			≥ 50 % < 65 %	Danger
Total	7	100	< 50 %	Alarme

Le financement de la reprise

⊃ Le scénario prévisionnel retenu n'est-il pas trop optimiste sur le plan des volumes et des marges ?
A ☐ Non   C ☐ Oui

⊃ L'environnement économique et le cycle d'activité dans le métier repris sont-ils favorables ?
A ☐ Oui   C ☐ Non

⊃ Quelle est la part des fonds propres dans le plan de financement ?
A ☐ > à 33 % du prix
B ☐ > à 25 % et < à 33 %
C ☐ < à 25 %

⊃ Le ou les repreneurs s'endettent-ils à titre personnel pour compléter leurs apports ?
A ☐ Non   C ☐ Oui

⊃ Disposent-ils de réserves personnelles leur permettant d'augmenter leurs apports en cas de besoin ?
A ☐ Oui   C ☐ Non

⊃ En cas de distribution de dividendes, quelle sera la position de la trésorerie de la cible après reprise?

A ☐ Positive et large

C ☐ Positive, mais proche de zéro

C ☐ Négative à certaines périodes de l'année ou en permanence

⊃ Les garanties demandées par les banques ne sont-elles pas trop pénalisantes pour le repreneur?

A ☐ Non   C ☐ Oui

⊃ A-t-il donné sa caution?

A ☐ Non   C ☐ Oui

⊃ Le niveau d'endettement moyen long terme cumulé après reprise sera-t-il supérieur à 4 années de capacité d'autofinancement?

A ☐ Non   C ☐ Oui

⊃ La distribution de dividendes en cas de montage avec holding sera-t-elle supérieure à 70 % du résultat net moyen retraité des deux derniers exercices?

A ☐ Non   C ☐ Oui

	Nombre de réponses	%	Si A+B	
A =			≥ 80 %	Très bien
B =			≥ 65 % < 80 %	Correct
C =			≥ 50 % < 65 %	Danger
Total	10	100	< 50 %	Alarme

Annexe 5 – Modèle indicatif de dossier financier

Résumé et contexte de la demande

Qui reprend quoi ?
Pourquoi ?
Où ?
Quand ?
À quel prix ?
Quel montage juridique et fiscal ?
Quel plan de financement ?
Quel type de crédit est sollicité ?
Sur quelle durée ?
Quelles sont les garanties proposées ?

Présentation du ou des repreneurs

État civil, date et lieu de naissance.
Coordonnées adresse, téléphone, mail.
Profils, parcours professionnel.

Présentation des cédants

État civil.
Coordonnées adresse, téléphone, mail.
Profils, parcours professionnel.

Motivation des parties

Motivation des repreneurs.
Motivation des cédants.

Accord négocié entre les parties

Présentation des accords de la lettre d'intention ou du protocole.

Présentation de la société cible

Fiche d'identité – Localisation.
Répartition du capital.
Historique.
Domaines d'activité :
⊃ offre produits-services ;
⊃ avantages concurrentiels.
Marché :
⊃ évolution passée ;
⊃ tendance prévue ;
⊃ barrières à l'entrée.
Concurrence.
Clientèle.
Moyens humains et organisation fonctionnelle.
Fournisseurs.
Locaux d'exploitation.
Moyens matériels.
Besoins financiers liés à l'exploitation.
Principaux chiffres caractéristiques passés :
⊃ soldes intermédiaires de gestion sur 5 ans ;
⊃ bilans sur 5 ans ;
⊃ trésorerie sur 24 mois.

Justification du prix de reprise

Retraitements du compte de résultat.
Évaluation financière de l'entreprise selon 2 à 3 méthodes.

Montage juridique, fiscal et financier

Reprise de fonds de commerce ou de titres.
Reprise partielle, progressive ou totale.
Reprise *via* un holding ou à titre personnel.
Options fiscales envisagées.
Plan de financement de l'opération (apport, dividende, crédit).
Dates des principales opérations.

Faisabilité de l'opération de reprise sur la base des résultats passés

Hypothèses de travail concernant la société cible et dans le holding.
Projections financières sur la durée du crédit sollicité pour la cible et le holding :
⊃ compte de résultat prévisionnel de la société cible ;
⊃ plan de financement ;
⊃ bilan prévisionnel.
Évolution et suivi des ratios d'équilibre financier :
⊃ rapport endettement cumulé/CAF ;
⊃ taux de distribution du résultat net ;
⊃ rapport endettement moyen terme du holding/fonds propres du holding.

Perspectives de développement

Marges de manœuvre et matrice swot du projet

Marges de manœuvre.
Points forts – Points faibles.
Menaces – Opportunités.

Financements recherchés

Montant – Durée.
Rythme de remboursement.
Taux fixe ou variable capé.
Date de mise en place.
Date de premier remboursement.
Garanties proposées.

Coordonnées des repreneurs et de leurs conseils

Annexes

- Trois derniers bilans fiscaux et détaillés de la cible.
- CV des repreneurs.
- Prévisionnels du holding et de la cible détaillés.
- Plaquette de présentation de la cible.

Glossaire des principaux termes

Business angels : personnes physiques qui investissent en direct au capital d'entreprises non cotées. Il s'agit le plus souvent d'anciens chefs d'entreprise qui apportent, en plus de leur appui financier, une expérience et un carnet d'adresses, fréquemment en synergie avec le domaine d'activité de l'entreprise.

Business plan : plan d'affaires ou dossier de présentation du projet de reprise à destination des partenaires financiers (investisseurs et prêteurs).

Capital-risque : financement d'entreprises en création ou en phase de démarrage.

Dette mezzanine : emprunt dont le remboursement sera réalisé après celui des dettes bancaires classiques.

Dette senior : dette bancaire moyen terme à 5/7 ans, mise en place à l'occasion d'opérations de transmission, remboursée avant la dette mezzanine.

Earn Out : partie variable du prix de cession également appelée complément de prix. Une ou plusieurs variables sont définies entre cédant et repreneur (atteinte ou maintien d'un niveau de chiffre d'affaires, de rentabilité... pendant une période donnée) permettant de faire varier le prix de cession de l'entreprise. Seule la partie fixe est réglée dans un premier temps par le repreneur, le solde étant payé progressivement en fonction de l'atteinte des covenants fixés entre les parties.

Garantie de passif et/ou d'actif : garantie donnée par le cédant à l'acquéreur, sur les montants figurant au bilan de l'entreprise. En cas d'augmentation des dettes ou de diminution des actifs, le vendeur s'engage à combler le différentiel pendant une période donnée, en règle générale 3 à 5 ans.

Goodwill/Badwill : différence entre la valeur de rendement et la valeur patrimoniale (actif net économique) d'une entreprise. Lorsqu'il est positif, cet écart porte le nom de « *goodwill* » et correspond à la valeur du fonds de commerce. Lorsqu'il est négatif, le différentiel prend l'appellation de « *badwill* ».

Lettre d'intention : document contractuel, préparé par l'investisseur à l'issue de la période de négociation et qui propose à la société cible les termes et conditions de l'investissement.

Leveraged Buy-Out (LBO) : technique de reprise par le biais d'une société holding.

Love Money : aides et prêts accordés par la famille et les proches au repreneur ou à sa société de reprise.

Obligation convertible : prêt accordé par un organisme de capital-risque susceptible d'être converti en capital sur la base des modalités définies par contrat (période de conversion, prix, conditions suspensives, frais…).

Pacte d'actionnaires : ensemble de clauses contractuelles dont l'objet est de préciser les relations entre actionnaires au-delà des statuts.

Plan de financement : document financier prévisionnel, sur lequel sont regroupés les emplois et les ressources prévus sur une durée de 3 à 5 ans, qui a pour objet principal de mettre en évidence les excédents ou les besoins de trésorerie correspondant au plan d'affaires.

Protocole d'accord : document qui formalise les accords entre les parties (acheteur et vendeur) en vue de réaliser la cession de l'entreprise. Il définit ce qui va faire l'objet de la transaction, le prix et les conditions associées, ainsi que les garanties et l'échéancier de l'opération.

Quasi-fonds propres : ensemble de valeurs mobilières composées (obligations convertibles, obligations remboursées en actions, obligations à bons de souscription, etc.) offrant un accès différé au capital d'une entreprise.

Société de caution mutuelle : organisme dont la vocation est de se porter caution pour une partie des emprunts à moyen terme souscrits par l'entreprise auprès d'une ou plusieurs banques.

Bibliographie

APCE — *Créer ou reprendre une entreprise*, Eyrolles – Éditions d'Organisation, 2011.

BOSCHIN Nicolas — *Le guide pratique du LBO*, Eyrolles – Éditions d'Organisation, 2009.

BOULAIRE Michel — *Reprendre une entreprise : les points clés à contrôler*, Eyrolles, 2e édition, 2010.

CEDDAHA Franck — *Fusions acquisitions*, Economica, 3e édition, 2010.

LAMARQUE Thierry / STORY Martine — *Reprendre une entreprise*, Maxima, 2008.

MEIER Olivier / SCHIER Guillaume — *Fusions acquisitions*, Dunod, 3e édition, 2009.

TARIANT Jean-Marc / THOMAS Jérôme — *Guide pratique pour reprendre une entreprise*, Eyrolles – Éditions d'Organisation, 5e édition, 2011.

THAUVRON Arnaud — *Évaluation d'entreprise*, Economica, 3e édition, 2009.

VENNETIER Bruno — *Vendre ou acheter une entreprise au juste prix !*, Afnor, 2007.

VILLEMOT Dominique — *Fiscalité des fusions acquisitions*, EFE, 4e édition 2010.

Les partenaires institutionnels de la reprise
ACFCI (Assemblée des chambres françaises de commerce et d'industrie)
45, avenue d'Iéna – 75016 Paris
Tél. : 01 40 69 37 00 – www.acfi.cci.fr

APCM (Assemblée permanente des chambres de métiers)
12, avenue Marceau – 75008 Paris
Tél. : 01 44 43 10 00 – www. apcm.com

APCE (Agence pour la création et la reprise d'entreprise)
14, rue Delambre – 75014 Paris
Tél. : 01 42 18 58 58 – www.apce.com

Boutiques de Gestion
23, rue Dareau – 75014 Paris
Tél. : 01 45 80 51 55 – www.boutiques-de-gestion.com

Les leviers financiers
Apport en fonds propres
AFIC (Association française des investisseurs en capital)
23, rue Arcade – 75008 Paris
Tél. : 01 47 20 99 09 – www.afic.asso.fr

Fédération des CIGALES (Clubs d'investisseurs pour une gestion
alternative et locale de l'épargne)
61, rue Victor Hugo – 93500 Pantin
Tél. : 01 49 91 90 91 – www.cigales.asso.fr

Réseaux de Business Angels (investisseurs privés)
Love Money : tél. 01 48 00 03 35 – www.love-money.org
Leonardo : tél. 01 53 53 73 46 – www.leonardo.asso.fr
Proxicap : tél. 01 42 19 99 11 – www.proxicap.com

Apport d'une garantie externe
Oséo
27–31, avenue du Général Leclerc – 94710 Maisons-Alfort Cedex
Tél. : 01 41 79 80 00 – www.Oseo.fr

SIAGI (Société interprofessionnelle et artisanale de garantie)
2, rue Jean-Baptiste Pigalle – 75009 Paris
Tél. : 01 48 74 54 00 – www.siagi.com

Les clubs de repreneurs
CRA (Cédants et repreneurs d'affaires)
18, rue de Turbigo – 75002 Paris
Tél. : 01 40 26 74 16 – www.cra.asso.fr

Clenam (Club entreprise arts et métiers)
9 bis, avenue d'Iéna – 75116 Paris
Tél. : 01 40 69 27 36 – http://clenam.gadz.org

Les revues spécialisées
Acquisitions d'Entreprises – DAICI
97, avenue des Champs-Élysées – 75008 Paris
Tél. : 01 47 23 00 07 – www.acquisitions-entreprises.com

R&T (Reprendre et transmettre) – Bimestriel
11, rue Saint-Lazare – 75009 Paris
Tél. : 01 48 78 72 60 – www.reprendre-transmettre.com

Repreneur – Bimestriel
6 bis, rue Gambetta – 92003 Nanterre Cedex
Tél. : 01 46 69 11 98 – www.intercessio.net

Le salon spécialisé
Le Salon des entrepreneurs
48, rue Notre-Dame-des-Victoires – 75002 Paris
Tél. : 01 44 88 46 34 – http://paris.salondesentrepreneurs.com

Dans la même collection

Yves Gambart de Lignières
BIEN GÉRER
son
PATRIMOINE
UN EXPERT VOUS CONSEILLE
EYROLLES
Éditions d'Organisation

Richard Volodarski
E-BUSINESS
Réussir
son actiuité
sur internet
EYROLLES
Éditions d'Organisation

Laurence Bourgeois
PROFESSION
ARTISTE
Uiure de son art
EYROLLES
Éditions d'Organisation

Conception et mise en page : ici & ailleurs

N° d'éditeur : 4388

Dépôt légal : août 2012

Imprimé en Allemagne par BoD